SVEN HEDIN

WILDES
HEILIGES TIBET

MIT ZAHLREICHEN
ZEICHNUNGEN DES VERFASSERS

AUS DEM SCHWEDISCHEN
ÜBERTRAGEN VON THEODOR FLADE

PHILIPP RECLAM JUN. STUTTGART

Universal-Bibliothek Nr. 7334
Alle Rechte vorbehalten. © 1952 Philipp Reclam jun., Stuttgart
Gesamtherstellung: Reclam, Ditzingen. Printed in Germany 1982
ISBN 3-15-007334-0

INHALT

Im Herzen Asiens ragen die schneegekrönten Gipfel des höchsten Berglandes der Erde bis weit in den Himmel. Tibet oder Schneeland ist sein Name. Sein südlicher Grenzwall ist der Himalaja, „die Wohnung des Winters", der gleichzeitig im Norden den ewigen Sommer Indiens begrenzt. Von dem Teile Zentralasiens, in dem sich die stickigen Sandwüsten Turkestans befinden, wird Tibet durch das gigantische Bergsystem des K'un-lun getrennt. Auch das Innere des Landes besteht aus mächtigen Gebirgsketten, die sich fast alle weit nach Westen und Osten erstrecken.

Die Völker Tibets brauchten nicht dem Beispiel der chinesischen Kaiser zu folgen, welche die Große Mauer zum Schutz gegen die Barbaren der Steppe bauten. Die mächtigen Gebirgssysteme haben Vorsorge getroffen für eine feste Verteidigung des Landes. Deshalb ist Tibet bis heute eine der unzugänglichsten und unbekanntesten Gegenden der Erde geblieben.

Friedliche Eindringlinge aus dem Westen konnten jedoch von der spärlichen Bevölkerung nicht vollkommen ausgeschlossen werden. Es sind erst 270 Jahre vergangen, seitdem die ersten Europäer in das Schneeland eindrangen, zu einer Zeit, in der Europa von ihm nichts anderes wußte, als was der unsterbliche Marco Polo vom Hörensagen zu berichten hatte.

Bereits als Schuljunge verschlang ich die Tibet-Reiseschilderungen Abbé Hucs und Prschevalskys und träumte von dem Glück, einmal dorthin zu kommen. Der Weg war lang. Im Alter von zwanzig Jahren begann ich meine Wanderungen in den mohammedanischen Ländern des westlichen Asien und arbeitete mich im Laufe der Jahre immer weiter vor zum Herzen des größten Kontinents der Erde. Auf dem Wege nach Tibet ist man nicht auf Rosen gebettet, und die einzige Musik, die man hört, ist die der Kupferglocken, die mit taktfesten Schlägen den müden Gang der Kamele, Pferde und Maulesel bis zu ihrem Tode begleitet.

Meine dritte Reise nach dem Innern Asiens hatte mich im Jahre 1893 von Orenburg durch die Kirgisensteppe, Pamir und die Takla-makan-Wüste geführt, in der ich meine gesamte Karawane und zwei Männer verlor, die verdursteten. Ich hatte das Glück gehabt, zwei alte, im Sande vergrabene buddhistische Städte zu entdecken, ich hatte meine erste Bekanntschaft mit dem wilden Kamel gemacht und hatte begonnen das Problem des rätselhaft wandernden Sees Lop-nor zu studieren, ein Problem, das fünfunddreißig Jahre später seine Lösung fand. Schließlich hatte ich im Sommer 1896 mein Hauptquartier in der Oase Khotan aufgeschlagen und war damit beschäftigt, meinen ersten Aufbruch nach Tibet, dem verbotenen Land, vorzubereiten.

Dort wohnte ich in einem mauerumhegten Garten in einem schönen Holzpavillon, der von dichtbelaubten Bäumen beschattet wurde. Hierher wurden mir von den verschiedenen Marktplätzen und Städten die Pferde gebracht.

Der Garten hatte nur ein Eingangstor, an dem mein Karawanenführer Islam Baj und meine übrigen Diener in einer Hütte unsere Küche eingerichtet hatten. Wenn ich Hilfe benötigte, brauchte ich nur an einer Glockenschnur zu ziehen. Eines Nachts wütete über Khotan ein rasender Orkan. Sand und

Staub regnet herab, es donnert, heult und pfeift, es kracht und klatscht, wenn morsche Zweige abbrechen, und es knarrt und wimmert in den Angeln der Gitterfenster.

Plötzlich fängt mein Hund Jolldasch, „der Reisekamerad", unsinnig an zu bellen. Ich fahre auf und will an der Klingelschnur ziehen. Sie ist durchschnitten. Ein paar verdächtige Schatten ziehen sich von der Terrasse zurück. Islam Baj erwacht von dem Hundegebell und schickt den Flüchtlingen ein paar Schüsse nach. Ihre Absicht, mein chinesisches Silber zu stehlen, ist mißlungen. Seither hatten wir immer eine Nachtwache, die von Zeit zu Zeit mit einem Holzklopfer schlug. Stürmische Nächte sind in Khotan eine angenehme Zeit für Diebe.

Am letzten Abend in Khotan wurde ein Abschiedsfest gefeiert, zu dem die Kaufleute eingeladen worden waren, die uns Proviant und Pferde verschafft hatten. Auf einem offenen Platz zwischen den Bäumen wurden Matten und weiße Decken ausgebreitet und auf einem farbigen Tuch die Ge-

7

richte aufgetragen: gekochtes Hammelfleisch, Reispudding mit Rosinen, Mohrrüben und Fett, sowie Brot, Früchte und Tee. Ein flammendes Feuer breitete seinen Schein über malerische Gruppen farbenfreudig gekleideter Orientalen und über das Orchester, zwei Saitenspieler, eine Flöte und eine Trommel.

Zwei junge Tänzerinnen in langen, dünnen, weißen Gewändern traten ans Feuer. Ihr Haar hing in zwei schwarzen Flechten herab; sie trugen buntfarbige Halsbänder, Armbänder, Ringe und Ohrgehänge. Sie waren reizend, aber scheu und ernst, neigten den Kopf nach vorn, hielten die Arme ausgestreckt und tanzten im Takt zu den Tönen des Orchesters und des Gesanges. Mit lautlosen Schritten berührten ihre bloßen Füße den Grasteppich. Jedesmal wenn sich eine Tänzerin zwischen mir und dem Feuer befand und sich ihr schöngewachsener Körper gegen den leuchtenden Hintergrund abzeichnete, schlug mein Herz schneller. Ohne es zu wissen, befand sie sich dann zwischen zwei flammenden Feuern, die beide erloschen, als die Stunde der Mitternacht schlug.

Die frohen Töne von Eros' Orchester erstarben hinter uns, als wir am folgenden Morgen von Khotan aufbrachen, und kein Echo davon erreichte die öden Felsen und unfruchtbaren Sandkegel, zwischen denen unser Weg nach Osten führte, am Fuße des K'un-lun entlang. Hier war nur das Echo unserer eigenen Karawanenglocken zu hören.

Kopa war der Name einer kleinen, dürftigen Ortschaft aus ärmlichen Steinhütten, oberhalb derer das Gebirge unserer Karawane seine Pforten öffnete und von wo aus eine Talschlucht hinaufführte nach den nördlichsten Gegenden des Hochlandes von Tibet.

Ich fühlte mich wie Tamerlan auf einer Heerfahrt und auf dem Wege, neue Königreiche zu erobern. Die Mittel, die zu meiner Verfügung standen, waren

Islam Baj. Mein Karawanenführer,
der mich auf zwei Expeditionen begleitete

jedoch knapp und meine Karawane deshalb klein, zwanzig Pferde, sechs Kamele und neunundzwanzig Esel. Bei Dalai-kurgan, wo wir 3300 Meter erreichten, war die Weide noch gut; hier konnten die Tiere zum letzten Male nach Herzenslust Gras fressen. Dann steigt man in immer höhere Regionen. Die Weide wird immer seltener und hört schließlich ganz auf. Unsere Esel hatten den undankbarsten Dienst zu verrichten. Sie mußten Mais für die Pferde und Kamele tragen und sich selbst mit dem begnügen, was diese und die wilden grasfressenden Tiere übrigließen.

Bei Dalai-kurgan wohnte eine Kolonie von achtzehn Familien aus dem osttürkischen Stamm der Taghliks oder Gebirgsbewohner. Sie besaßen sechstausend Schafe und hatten weitere Nachbarn in den angrenzenden Tälern. Einige von ihnen sind Goldgräber in den Flußtälern des nördlichen Tibet. Von diesen Leuten stellten wir siebzehn Männer ein, die uns beim Durchqueren der gewaltigen Bergkette Arka-tagh im Süden, die das eigentliche Rückgrat des K'un-lun darstellt, behilflich sein sollten. Auf der anderen Seite des Gebirges sollten meine eigenen Diener, sieben an der Zahl, ausreichen. Von diesen waren Islam Baj und Parpi Baj die hervorragendsten. Beide waren sonnen- und wettergebräunt, hatten dunkelbraune Augen und schwarze Vollbärte und trugen wie wir anderen weiße Schafspelze und Pelzmützen.

Wir gingen dem Winter und schwindelnden Höhen eines unbekannten und unbewohnten Landes entgegen. Bereits Anfang August gefror das Wasser in Bächen und Seen. Wir hatten Proviant für zweieinhalb Monate. Unsere Taghliks mußten selbst für ihre Kost, geröstetes Gerstenmehl und Tee, sorgen. Der einzige Proviant, der die Lasten unserer Tragtiere nicht beschwerte, waren die zwölf Ziegen, die wir in Dalai-kurgan kauften, und die Tiere der Wildnis, Antilopen, Wildesel und Jaks.

Anfang August brachen wir auf, dem Unbekannten entgegen. Jeder Tag schenkte uns dann ein neues Stück Land, das nie eines weißen Mannes Fuß be-

treten hatte. Mit einem gewissen Stolz betrachtete
ich meine erste tibetanische Karawane von Last-
tieren, als diese durch die sich schlängelnden, stillen
Täler emporschritten, die seit Millionen von Jahren
in ungestörtem Frieden schlummerten. An der
Spitze zogen die Kamele mit ihren Führern. Dann
kamen die Pferde, von Reitern und Fußgängern
begleitet, und hinter ihnen trippelten die Esel, die
von den Taghliks bewacht wurden, und die Schafe
mit ihrem Hirten. Ich ritt als letzter im Zuge, da
ich immer durch irgendeine Arbeit beansprucht
war, sei es durch die Karte, die ich aufnahm, sei es
durch das Zeichnen von Skizzen, das Sammeln
von Gesteinsproben und Pflanzen oder die Aus-
führung meteorologischer Beobachtungen. Islam Baj
hatte den Auftrag, die Lagerplätze unter Berück-
sichtigung von Weide, Wasser und Brennmaterial

11

zu bestimmen. Bereits auf dieser Fahrt kam es vor, daß uns der Boden nichts anderes bot als Steine und Schnee. Wenn ich lange nach der Karawane das Lager des Tages erreichte, war mein Zelt bereits aufgeschlagen und mit meinem Pelzbett auf dem Boden und den beiden Lederkoffern möbliert, die meine wichtigsten Sachen enthielten. Da saß Islam Baj am Kochfeuer und bereitete mein Mittagsmahl, während ich meine Beobachtungen in mein Tagebuch eintrug.

Hier gibt es keinen Weg. Nur Goldsucher und Jakjäger verirren sich in diese Gegenden. Es geht immer höher hinauf über himmelstürmende Berge. Der erste Paß ist ebenso hoch wie der Gipfel des Mont Blanc, und ein paar Tage später lagern wir in einer Höhe von 5000 Meter, und die Nachtkälte sinkt auf —10,7° C. Unser Kurs geht nach Südosten und Osten. Im Süden öffnet sich die Aussicht über Arka-tagh, „die hinteren Berge", ein grandioses Panorama von Gipfeln mit ewigem Schnee und dazwischen kurzen Gletscherzungen, die wechselweise grün und blau schimmern.

Eines Tages wurden wir von unseren Wegführern durch ein steil ansteigendes Tal emporgeführt, welches zu einem bequemen Paß über den Arka-tagh führen sollte. Schwer und mühsam schritten wir bergan. Der Himmel wurde finster. Ich folgte der Pferdekarawane. Die anderen waren weit hinter uns. Endlich erreichten wir den Paß. Im Westen waren die ersten Vorboten des Sturmes zu sehen. Unmöglich, in einem solchen Wetter weiterzuziehen durch ein Labyrinth von unübersichtlichen Tälern! Ich kommandierte deshalb: halt und lagern! In einem Nu sind die Zelte aufgebaut und festgemacht. Die Pferde werden angepflockt, damit sie nicht weglaufen. Der Donner dröhnt, und ein betäubendes Echo antwortet von den Bergen. Die schwarzen Wolken schweben unmittelbar neben den Gebirgskämmen. Wir befinden uns mitten in ihnen und fühlen, wie der feste Gesteinsgrund bei den heftigsten Schlägen erzittert. Das ganze Land wird vollkommen weiß von Hagel und Schnee; wir leiden keinen Mangel an Wasser für unseren Tee. Eine Holzkiste wurde als Brennmaterial geopfert. Die Pferde mußten hungern, denn an diesem Abend waren weder die Esel noch die Kamele zu hören, und in dieser schwindelnden Höhe gab es keine Spur von Weide. Der Himmel klärte sich wieder auf, und der Mond goß sein Silberlicht über diese Gegend, die ebenso tot erschien wie seine eigene Oberfläche.

Am nächsten Tage merkten wir, daß uns die Taghliks irreführten. Der Paß, auf dem wir gelagert hatten, war nicht der Hauptkamm, sondern nur eine Verzweigung. Wir mußten deshalb kehrtmachen, um selbst einen geeigneten Weg zu suchen. Die verlorenen Esel und Kamele waren bald gefunden, und das nächste Lager wurde am Ufer eines Baches aufgeschlagen, an dem Menschen und Tiere Ruhe finden und Kräfte sammeln sollten für die Erstürmung der nördlichen Festungsmauer Tibets.

Sieben Taghliks baten nun darum, heimkehren zu dürfen. Ihre Bitte wurde unter der Bedingung bewilligt, daß uns die übrigen zehn bis zur nächsten bewohnten Gegend im Osten folgen sollten. Diese wollten die Hälfte ihres Lohnes als Vorschuß ausgezahlt haben. Die Gelder, die sie für ihre Familien daheim brauchten, sollten von den Zurückkehrenden mitgenommen werden.

Alle waren müde. Beim Lagern pflegten die Taghliks eine Ringburg aus Maissäcken zu errich-

13

ten, in deren Mitte sie um ihr Feuer saßen und
schwatzten und Tee tranken. Aber an diesem Abend
erloschen die Feuer früher als gewöhnlich, und
lautes Schnarchen verriet, wie tief die Männer
schliefen. Eine Nachtwache war nicht erforderlich.
Räuberbanden streifen nicht in unbewohnten Gegenden umher.

Und doch waren Diebe dicht bei uns! Der erste
meiner Leute, der aufwachte, machte Alarm und
berichtete, daß alle Taghliks entflohen seien und
zwei Pferde, zehn Esel und einen ordentlichen Vorrat an Mais und Brot mitgenommen hätten. Sie
waren sicher bereits um Mitternacht aufgebrochen,
um einen Vorsprung zu gewinnen, und in einzelnen
Gruppen auf verschiedenen Wegen nach einem ver-
abredeten Treffpunkt gegangen. Ihre Kriegslist war
bald durchschaut, meine Späher hatten rasch den
Punkt gefunden, an dem die Spuren zusammen-
liefen. Von dort aus hatten sie die Flucht gemein-
sam fortgesetzt.

Parpi Baj erhielt den Auftrag, den Dieben mit zweien unserer übrigen Leute nachzusetzen und nicht eher zurückzukehren, als bis er sie ergriffen hätte. Die drei Verfolger warfen sich in die Sättel und ritten in schnellem Trab von dannen. Sie kamen an zweien unserer alten Lagerplätze vorbei und näherten sich am Abend dem dritten. Dort brannte ein Feuer, das schon von weit her zu sehen war Nun galt es, sich im Dunkeln an die Diebe heranzuschleichen und sie daran zu hindern, die Flucht fortzusetzen. Parpi Baj und seine Kameraden saßen deshalb ab und führten ihre Pferde leise und vorsichtig, bereit, sie zum Schweigen zu bringen, sobald

sie zu wiehern anfingen. Um das Feuer saßen fünf Taghliks todmüde nach einem achtzehnstündigen harten Marsch in der dünnen Luft. Die anderen Diebe schliefen bereits.

Wie Katzen schlichen sich die Verfolger an das Lager heran, warfen sich wieder in die Sättel und

15

stürmten vor zum Feuer. Die fünf sprangen auf und stürzten zu den Pferden und Eseln, die Schläfer erwachten von dem Lärm und sprangen schlaftrunken nach verschiedenen Seiten. Parpi Baj feuerte mit seiner Büchse in die Luft und rief: „Kommt her, sonst schieße ich euch nieder!"

Das Hoffnungslose ihrer Lage erkennend, wandten sie sich um, krochen zu Parpi Baj und flehten um Gnade. Er stellte sie im Kreise um das Feuer. Mit schußbereiten Pistolen leerte er ihre Taschen und entnahm den Leibgürteln die Silbermünzen, die sie als Vorschuß erhalten hatten, band ihnen die Hände auf den Rücken und ließ sie einige Stunden ruhen, während er und seine beiden Kameraden abwechselnd Wache hielten.

Als der Tag im Osten graute, kommandierte er: marsch! Die Hände auf den Rücken gebunden, mußten die ertappten Aufrührer den schauderhaften Weg zum dritten Male gehen. Inzwischen warteten wir geduldig in unserem Lager. Gegen Abend hörten wir Pferdegewieher. Da kam Parpi Baj mit seiner todmüden und erbarmungswürdigen Schar. Der Mond schien auf die zusammengesunkenen Gestalten. Das Urteil, das ich über sie fällte, war mild und gerecht. Da ich ihnen nicht trauen konnte, wurden sie dazu verurteilt, nachts gebunden unter Bewachung gehalten zu werden und Parpi Baj und seinen beiden Kameraden für ihre Mühe Schadenersatz zu leisten. Nachdem sie Essen und Tee erhalten hatten, sanken sie wie tot in ihrer Ringmauer zusammen und vergaßen ihre Sorgen in einem tiefen Schlaf.

MONGOLEN UND RÄUBER

Von Westen bis Osten hatten wir das ganze nördliche Tibet durchquert und befanden uns nun in Tsaidam. Auf einem ausgetretenen Weg zogen wir weiter. Es konnte nicht lange dauern, bis wir in bewohnte Gegenden kamen, denn wir sahen Spuren von Zeltlagern, in denen vor nicht zu langer Zeit mongolische Nomaden gewohnt hatten.

Auf einem Abhang weidete eine Jakherde. In seinem Jagdeifer schickte mein Karawanenführer Islam eine Kugel nach der Anhöhe. Bevor er einen zweiten Schuß abfeuern konnte, kam eine alte Frau aus ihrem Zelt herausgestürzt, das hinter einem Felsvorsprung verborgen lag. Sie schrie unverständliche Worte und winkte mit den Armen. Es waren zahme Jaks! Diesmal war es gut, daß Islam fehlgeschossen hatte.

Seit fünfundzwanzig Tagen hatten wir keinen Menschen gesehen. Es ist immer spannend, wieder Beziehungen mit der Menschheit anzuknüpfen, besonders wenn man sich an der Spitze einer sterbenden Karawane befindet und der Vorrat an Nahrungsmitteln gerade zu Ende gegangen ist. Wir schlugen unsere Zelte deshalb am Ufer des Baches auf, an dem auch das Zelt der Alten aufgebaut war. Parpi Baj und ich gingen zu ihr hinein. Und dort saßen wir nun und sahen uns an und überlegten, was in aller Welt wir bloß sagen sollten, da wir nicht ein einziges mongolisches Wort kannten und die Alte sicherlich weder Osttürkisch noch Schwedisch verstand. Doch ich kannte ja wirklich fünf Worte: Berg (ula), See (nor), Fluß (gol und muren) und Wüste (gobi). Ich konnte diese Worte

17

aber drehen und wenden, wie ich wollte, es kam kein Satz dabei heraus, der es der Alten hätte klarmachen können, daß wir hungrig waren und unverzüglich ein fettes und saftiges Schaf kaufen wollten. Schließlich ging mir ein Licht auf. *Eine* Sprache war doch uns beiden bekannt, nämlich die des Schafes, und so begann ich das Blöken eines Schafes so täuschend nachzuahmen, daß die Alte lachte und nickte. Ja, es gab noch eine zweite Sprache, deren Klang für alle Völker Asiens und Europas verständlich war, die Sprache des Silbers. Als ich ein paar gestempelte chinesische Silberstücke hervorgeholt hatte, brauchte unsere Wirtin in der Wildnis, „the lady of the mountains", nicht länger über unsere wahren Absichten im unklaren zu sein, und das Schicksal eines der fettesten Schafe wurde sofort besiegelt.

Die Alte trug einen Schafspelz, der von den Mahlzeiten und Lagerfeuern fettig und zerlumpt war, um die Stirn ein zerrissenes Kopftuch und an den Füßen Schuhe, aus denen die Zehen hervorguckten. Das Haar trug sie in zwei Zöpfen. Es war ersichtlich dicht bewohnt, denn ihre Finger hatten recht oft in den Strähnen zu arbeiten.

Sie hatte einen achtjährigen Sohn, der auf die gleiche Art gekleidet war, aber drei Zöpfe trug. Das Zelt bestand aus grober schwarzer Jakwolle, wurde von zwei senkrechten Stangen getragen und mit Hilfe von Tauen gespannt. Das Mobiliar der Familie lag kunterbunt durcheinander: Töpfe, Holzschalen, Kochlöffel, Jagdgeräte, Pelze, Häute, mit Fett gefüllte Jakmagen, dunkelrote Stücke vom Fleisch des wilden Jak, eine Spindel, selbstgewebter Filz, Messer und anderes. Dem Eingang gerade gegenüber war der Hausaltar aufgebaut, eine Holzkiste mit ein paar kleinen Buddhabildern, und davor einige messingne Opferschalen.

Als der Mann der Alten am Abend nach Hause kam, wurde er stutzig, als er zwei fremde Zelte neben seinem eigenen und dazu mehrere unbekannte Männer sah, die sich häuslich im Tale niedergelassen hatten. Er konnte nur glauben, wir seien eine Räuberbande, die gekommen sei, um allès zu plündern, was er besaß. Wir hörten, wie sich die Familie mit leiser Stimme lebhaft unterhielt. Die Frau sprach am meisten und konnte wohl nur Vorteilhaftes über uns berichten, denn noch hatten wir nichts von ihr gestohlen, sondern ehrlich das Schaf bezahlt und ihr obendrein Tabak und Zucker gegeben.

Nachdem sich der Alte beruhigt hatte, ließ ich ihn in mein Zelt holen. Betreten und scheu saß er da und wagte kaum, uns anzusehen. Wir traktierten ihn mit Brot, Tee und einer Pfeife, und schließlich taute er auf, wurde gemütlich und zugänglich.

Dorche war nicht dumm. Es war sehr leicht, ihm verständlich zu machen, daß wir wenigstens die wichtigsten Worte seiner Sprache zu lernen wünschten. Die Zahlworte machten wir uns leicht mit Hilfe der Finger klar. Dann zeigte ich auf Augen, Ohren, Mund, Kopf, Arme, Beine usw. und notierte die entsprechenden mongolischen Worte. Mit Zelt, Bett, Kiste, Stiefel, Mütze, Tabak, Messer, Fleisch, Erde, Stein, Gras, Kamel, Pferd, Hund, Wasser, Feuer, Himmel und hunderten anderer Worte ging es ebenso leicht. Was Schaf und Silber hieß, hatten wir uns bereits gemerkt. Mein selbstgefertigtes Lexikon vergrößerte sich rasch, und ich lernte die Worte auswendig.

Wir kauften drei widerstandsfähige und kräftige Pferde von Dorche und zogen, nachdem alle unsere Taghliks entlassen waren, von Dorche begleitet hinab durch die Talschlucht des Naijimuren, in deren oberem Teil wir gelagert hatten. Dorche und ich, gefolgt von meinem treuen Hunde Jolldasch, ritten weit vor den anderen voraus. Die Stunden vergingen. Fern im Norden war die Ebene von Tsaidam zu sehen.

Als die Dämmerung hereinbrach, hatten wir das Gebirge verlassen und passierten einen Wüstengürtel. Dann folgte eine Tamariskensteppe. Es wurde dunkel. Dorche wandte sich immer wieder im Sattel um. Die Karawane war nicht zu sehen. Sie konnte sich im Dunkel nicht ohne Führer zurechtfinden. Ehe ich's mich versah, hatte Dorche kehrtgemacht und war zwischen den Büschen verschwunden.

Da saß ich allein im Stockdunkeln. Das Pferd ging munter weiter, und ich ließ es gewähren. Meine Steigbügel klirrten gegen die trockenen Zweige der Tamarisken. Wenn ich in der Nacht irre ritt, war es nicht leicht, mich wieder zurechtzufinden. Aber das neugekaufte Pferd wußte Bescheid. In der Ferne wurde ein Feuerschein sichtbar. Er vergrößerte sich, und Hundegebell war zu vernehmen. Mein Pferd, mein Hund und ich waren im Nu von einer Schar wütender Hunde umringt, und ich mußte Jolldasch in den Sattel nehmen, sonst wäre er in Stücke gerissen worden. Nachdem ich noch eine Strecke geritten war, machte ich mein Pferd an einem der ersten Zelte fest. Müde nach einem mühsamen Ritt von fast fünfzig Kilometer ging ich hinein und ließ mich am Feuer nieder, an dem sechs wettergebräunte Mongolen saßen, die ihren Ziegeltee schlürften und mit schwieligen Fäusten ihren „Tsamba" in Holzschalen kneteten. Sie blickten wie gebannt auf mich, ohne ein Wort zu sagen.

„Amrchan ssän bäinó?" Wie geht's? fragte ich, ohne eine Antwort zu erhalten.

Eine Schale mit Stutenmilch stand in Reichweite. Ich nahm sie und trank. Das gleiche Schweigen. Sie waren wie hypnotisiert. Ein Mann fremder Rasse, der mitten in der Nacht in ihr Zelt kommt! Das war ihnen noch nicht vorgekommen.

Nach zwei Stunden verriet Pferdegetrappel und Wiehern, daß die Karawane im Anmarsch war. Mit lautem Gelächter kam Dorche herein und be-

21

richtete seinen Landsleuten, wir seien keine Räuber, sondern gemütliche Leute und hätten viel Silber.

Von unserer ursprünglichen Karawane von sechsundfünfzig Tieren waren nur drei Kamele, drei Pferde und ein Esel übrig. Wir brauchten also eine Erneuerung unserer Lasttiere und kauften von dem Häuptling der Mongolen, Sonum, zwanzig kleine prächtige Pferde.

In Sonums Zeltstadt blieben wir fünf Tage. Er bot uns Kumyß, d. i. gegorene Stutenmilch, an, die am Feuer getrunken wurde, im Angesicht der vergoldeten Götter, die seinen Hausaltar zierten. Um den Hals trugen Sonum und seine Männer kleine Behälter aus Kupfer, Messing oder Silber, die Buddhabilder aus Terrakotta oder heilige Schriften enthielten. Ich kaufte mehrere dieser Reliquienschreine. In der Nacht, wenn alles still war, kam einer nach dem anderen in mein Zelt, und der Handel wurde in aller Heimlichkeit abgeschlossen.

Das Gebirge zur Rechten und Tsaidams endlose Steppen, Wüsten und Sümpfe zur Linken, setzten wir am 12. Oktober unsere Reise nach Osten fort. Wir befanden uns in einer Höhe von etwa 3000 Meter.

Dorche ging wieder nach Hause, und ich nahm an seiner Stelle einen großgewachsenen, spaßigen Mongolen, Lopsang, in meinen Dienst. Noch waren zweitausend Meilen bis Peking zurückzulegen — es ist ein langer Weg, wenn man ganz Asien durchqueren will! Meist lagerten wir in den Zeltstädten und wurden immer gut aufgenommen. Nur die Frauen waren scheu und verbargen sich bei unserer Ankunft. Einmal hatten wir aber Gesellschaft von drei Männern und einer Frau. Sie hatte trotz ihrer mongolischen Züge ein frisches und gutes Aussehen

und saß wie eine Walküre auf ihrem schwarzen Pferd. Den blauen Pelz hatte sie geöffnet, um ihre Brust von der Sonne liebkosen zu lassen. Furchtlos kam sie zu mir herangeritten und bat um eine Zigarette; sie hätte tausend bekommen, wenn ich sie zur Hand gehabt hätte. Da rief ihr Mann nach ihr, und sie verschwand für immer aus meinem Gesichtskreis.

Die Kälte sank bereits auf —26,1° C. Am Ufer des Salzsees Tossun-nor traten süße Quellen an die Oberfläche, und ein Schwarm weißer Schwäne schwamm auf dem marineblauen Wasser.

Nicht allzu weit nach Norden liegt der süße See Karlik-nor. Von hier kommt der Fluß Holuin-gol, an dessen Ufern wir des Abends Feuer brennen sahen. Am Tage waren keine Menschen zu sehen. Sogar die königlichen Schwäne wirkten wie verzauberte Prinzen und Prinzessinnen.

Am Abend schwang sich das Licht des Vollmondes wie eine Silberbrücke über den See. Auf einer kleinen Höhe am Ufer erhob sich ein verlassenes Bauwerk. Seine zerrissenen Gebetswimpel flatterten gespenstisch im Nachtwind. Man konnte glauben, Geister sprächen miteinander, wenn die Wimpel gegen ihre Stangen klatschten.

Wenn ein Mensch gestorben ist und sein Körper

23

Wölfen oder Geiern zur Nahrung vorgeworfen wird, so wandert die Seele auf unbekannten Wegen in dunkle Regionen und sucht sich einen neuen Körper als Wohnung. Ist der Tote während seines Lebens ein guter und ehrenwerter Mensch gewesen, so braucht seine Seele nicht lange nach einem Körper zu suchen, der sich in einer höheren und besseren Daseinsform befindet als der des vergangenen Lebens. War der Tote jedoch in seinem Leben ein sündiger und schlechter Mensch, so sinkt seine Seele in niedrigere Regionen und wird ein Hund, eine Eule oder ein Wurm. So zieht die friedlose Seele umher und sucht sich ihre neue Wohnung.

Am Tossun-nor konnte man glauben, daß sich friedlose Seelen an dem Gemäuer zusammengefunden hätten und daß sie in diesen Wimpeln, die alle die heiligen Worte „om mani padme hum" trugen, Zwiesprache hielten.

Tag und Nacht klangen diese magischen sechs Silben in meinen Ohren. Lopsang plapperte sie im Sattel und im Zelt. Sein Gesicht war ernst, und unablässig spähte er nach dem Horizont. Ich fragte ihn, weshalb er so ernst sei, und er antwortete, die letzten Mongolen, die wir getroffen, hätten ihm berichtet, daß vor kurzem eine Bande tangutischer Räuber in wildem Galopp am Ufer des Karlik-nor erschienen sei, die Nomadenlager überfallen und die Pferde gestohlen habe. Er glaube nun, die Räuberbande könne nicht weit entfernt sein, und bat uns, unsere drei Büchsen und fünf Revolver in Bereitschaft zu halten.

Jetzt begann unsere Reise spannend zu werden. Würde es uns gelingen, diese Gegenden mit heiler Haut zu durchqueren, in denen ganze Banden vom Plündern lebten? Ich erinnerte mich sehr wohl, daß

Prschevalsky in einer seiner Reiseschilderungen berichtet, wie er einmal von dreihundert Tanguten überfallen worden sei, von denen er und seine Kosaken mehrere getötet hätten. Ein Überfall auf meine kleine Karawane, die keine Kosakenbedekkung hatte, konnte eine ernste Sache werden.

Am Ufer des Khara-nor oder „schwarzen Sees" sahen wir zahlreiche Spuren vierbeiniger Räuber; es waren Bären hier gewesen und hatten die wilden Beeren besichtigt. Hier riet uns Lopsang, doppelt vorsichtig zu sein, denn wenn der Bär Gelegenheit hat, greift er gern ein weidendes Pferd an.

Als wir den Khara-nor am 1. November verließen und zwischen mittelhohen, steilen Bergen in einem ziemlich breiten Tal nach Osten ritten, folgten wir auf dem von Menschen und Pferden zertretenen Wege einer ganz frischen Bärenspur, die unser und besonders des Jägers Islam Baj regstes Interesse weckte. Er und Lopsang setzten ihre Pferde in Trab und entschwanden bald unseren Blicken.

Wir zogen in der gleichen Richtung weiter und

25

warteten schon darauf, einen Schuß zu hören und unsere Reiter triumphierend neben dem gefallenen Bären halten zu sehen. Aber nichts war zu hören. Der Weg schlängelte sich zwischen Steinen, Blöcken und dürftigen Büschen hindurch.

Eine Stunde war vergangen, als wir vor uns in einer Staubwolke zwei Reiter auftauchen sahen. Sie ritten, als gelte es ihr Leben. Als sie näher kamen, konnte man sehen, daß sie erschrocken waren. Ich rechnete damit, den Bären in vollem Lauf hinter ihnen herkommen zu sehen. Vielleicht war er verwundet worden und vor Wut zum Angriff übergegangen? Aber als uns die beiden Männer erreicht hatten, riefen sie atemlos und aufgeregt: „Tangutische Räuber!"

„Halt!" kommandierte ich.

In einer neuen Staubwolke konnte ich ein Dutzend Reiter erkennen, die die Gabelbüchsen über die Achseln gehängt hatten. Ich nahm mit Islam, Parpi und Lopsang Stellung auf der Spitze eines kleinen, acht Fuß hohen Hügels, hinter dem die anderen mit der Karawane in Deckung gingen. Wir waren acht gegen zwölf und hatten drei Büchsen gegen zwölf auf der Gegenseite. Aber die unseren schossen besser. Wir warfen unsere Pelze ab. Die Männer aus Ostturkestan schwebten in tödlicher Angst, und ich meinerseits fand die Situation alles andere als angenehm. Die Tanguten konnten aus den benachbarten Tälern Verstärkung holen und uns vernichten oder mindestens ausplündern bis auf die Haut. Nach außen verriet ich nichts von meiner Besorgnis, sondern zündete ruhig meine erloschene Pfeife wieder an.

In einem Abstand von hundertfünfzig Schritten stieß der Führer der Bande einen Ruf aus, der die

26

Schar so plötzlich zum Halten brachte, daß der Staub des Weges um die Hufe der Pferde aufwirbelte. Sie hatten uns und unsere blinkenden Gewehre entdeckt. Sie schrien und gestikulierten; vermutlich hielten sie Kriegsrat. Als sie gemerkt hatten, daß wir nicht zwei, sondern acht waren, gaben sie den Pferden die Sporen und machten kehrt. Einige von ihnen ritten hinauf in ein Seitental, andere ritten in scharfem Trab am Fuße des Berges entlang. Ein Stück vor uns verengte sich das Tal zu einem Hohlweg, der schmal war wie ein Korridor. Wir ließen unsere Pferde so schnell laufen, wie sie konnten. Es galt einen Wettlauf. Kamen die Tanguten zuerst an, so konnten sie uns von der Felsenspitze aus abschießen.

Nach einigen Minuten sahen wir die Bande zwischen den Felsen hinaufklettern, nachdem sie ihre Pferde am Fuß angepflockt hatten. Sie waren zuerst angekommen. Jetzt würden sie uns beschießen, ohne selbst von der Talsohle aus gesehen zu werden.

„Wir wollen kehrtmachen und einen anderen Weg nehmen, sonst werden wir niedergeschossen", sagte Lopsang. — „Vorwärts, treibt die Pferde an!"

Wir reiten in den Hohlweg hinein. Direkt über uns schleichen die Tanguten. Sie warten ihre Zeit ab. In diesen Thermopylen haben sie alle Vorteile auf ihrer Seite.

Jetzt sind wir mitten im Engpaß! Bald wird es krachen! Aber nein! Warum schießen sie nicht? Der Engpaß ist zu Ende und mündet in eine offene Ebene. Die Tanguten sind verschwunden. Mit einem Gefühl der Erleichterung verlassen wir die Falle, in der wir so leicht gefangen werden konnten.

An einem gefrorenen Quelltümpel, der von gutem Gras umgeben ist, lagern wir. Die Zelte werden aufgebaut und die Pferde zur Weide geschleppt. Solange auch nur eine Spur von Tageslicht vorhanden war, durften sie frei umherlaufen. Dann wurden sie dicht zwischen den Zelten angepflockt. Eine strenge Nachtwache wurde angeordnet. Lopsang wußte, daß die Tanguten ihre Überfälle gewöhnlich in der Dunkelheit ausführten.

Und dann kam die Nacht, lang und dunkel. Die Pferde stampften vor Ungeduld, da sie sich nicht einmal zur Hälfte hatten satt fressen können und deshalb nach der Weide zurückverlangten.

Und jetzt begann das wunderlichste Konzert, das ich jemals gehört habe. In unserer Nähe ertönte von allen Seiten wildes, durchdringendes Geheul, langgezogene, klagende Rufe, wie von hungrigen Wölfen oder Schakalen. Die Rufe veränderten sich, und man konnte bisweilen glauben, daß sie nur wenige Schritte von den Zelten entfernt waren.

„U—ih, u—ih, u—ih!" klang es unaufhörlich. Ich fragte Lopsang, was dieses unheimliche Geheul bedeute, und er erklärte, daß es der übliche Kampf- ruf der Banditen sei, mit dem sie ihre Opfer er- schrecken und zugleich ihre Wachsamkeit prüfen wollten.

Das Konzert wurde von unserem Lager mit höhnisch lärmender Musik beantwortet. Parpi Baj stieß immer wieder den Alarmruf „Khabardar!" aus, den die Mohammedaner anwenden, um zu hören, ob der „Wachtposten wach ist". Ein paar andere Leute schlugen mit verschiedenen Werkzeugen auf Kochgeschirre und Deckel, da wir keine Trommeln zur Hand hatten.

Von unserem Lager aus konnten wir die Tangu- ten, die wie Panther im Grase umherschlichen, nicht sehen. Wohl aber konnten diese die Umrisse der Zelte, Pferde und Nachtwachen und den Schein der Feuer beobachten. Wir mußten annehmen, daß das nächste Lebenszeichen der Räuber aus ihren Flinten- läufen kommen würde, und ich wartete ständig darauf, die erste Kugel durch das Zelttuch pfeifen zu hören. Unser Gegenfeuer wäre im Dunkel hoff- nungslos gewesen, und ein Ausfall hätte höchst- wahrscheinlich zur Folge gehabt, daß inzwischen einige ihrer Kameraden unsere Zelte geplündert und die Pferde gestohlen hätten.

„Khabardar!" schrie Parpi Baj unermüdlich, und die Kochtöpfe machten einen Lärm wie in der schlimmsten Klempnerwerkstatt. „U—ih, u—ih, u—ih!" klang es in der Nacht, und die Stunden vergingen. Ich wurde schläfrig und sank langsam in die Kissen. Das war Asien, das innerste, wildeste Asien, das Land des unergründlichen Buddha, der Wild- esel, der Jaks und der tangutischen Räuberbanden.

29

Kein Schuß war zu vernehmen; ruhig verging die Nacht. Als ich im Morgengrauen erwachte, war es still rings um das Lager. Die Kampfrufe waren verklungen, und Parpi Baj schlief wie ein Toter. Die Pferde konnten sich unter strenger Bewachung frei bewegen. Als die Sonne aufging, sahen wir die Räuberbande außer Schußweite in ihren bunten, schmutzigen tibetanischen Pelzen mit roten oder grauen Binden um die Stirne.

Kaum hatten wir den Tümpel verlassen, als die Schar an unseren Lagerplatz ritt, aus dem Sattel sprang und mit sichtlichem Interesse dort zu scharren und zu stöbern begann, wo die Zelte gestanden hatten und leere Streichholzschachteln, Lichtstümpfe und Papierstücke die Anwesenheit gefährlicher Fremder aus unbekannten Ländern verrieten.

Wir hörten nie wieder etwas von ihnen. Als wir das nächste Mal lagerten, umgab uns tiefes Schweigen. Wir blieben hier einen ganzen Tag, damit die müden Nachtwachen ausschlafen und die Pferde in Ruhe weiden konnten.

Das Land war jetzt stärker bewohnt, und wir ritten ruhig an den Zelten der Tanguten vorbei. Die Leute waren hier nicht so freundlich, wie es die Mongolen gewesen waren. Wohl konnte ich ohne weiteres in die Zelte gehen und mit Lopsang als Dolmetscher fragen, wie die verschiedenen Gegenstände auf tibetanisch hießen. Als aber unser Lager einmal von fünfundzwanzig Tangutenzelten umgeben war, war es gleichwohl nicht möglich, einen ihrer Bewohner dazu zu veranlassen, uns als Führer zu folgen; das chinesische Silber hatte keine Macht über sie.

Dolan-kit ist ein Lamakloster. Hier herrschte ein „Gegen-Hutuktu" oder „lebender Buddha", und mancher Pilger lenkte seine Schritte hierher. Das Tal war auch von Wölfen bewohnt, und wenn diese des Nachts ihr Hungergeheul anstimmten, konnte man glauben, neue Räuberbanden ließen ihre Kampfrufe ertönen.

Durch Sträucher und hartes, stacheliges Gebüsch führte unser Weg nach dem Südufer des recht bedeutenden Flusses Bukhain-gol oder „Fluß der Jaks", den wir überqueren mußten. Der Fluß war zur Hälfte zugefroren, und Eisschollen trieben zwischen den festen Eisgürteln der Ufer. Parpi Baj prüfte die Furt, und ohne besondere Zwischenfälle kamen wir trockenen Fußes hinüber.

Hierauf dauerte es nicht mehr lange, bis der Kuku-nor, der „Blaue See", in Sicht kam, der größte aller Seen in diesem Teil Asiens. Er liegt 3000 Meter hoch und ist von einem Ring mächtiger, schneebedeckter Berge umgeben. Wir folgten dem nördlichen Ufer des schönen blaugrünen Sees, an dem im Winter tangutische und auch mongolische Nomaden ihre Zelte aufschlagen. Im Sommer suchen sie die frischen Weiden zwischen den Bergen auf.

Mitten im See ragt eine flache Felseninsel über die Wasserfläche. Die Nomaden erzählten uns, daß dort eine kleine, dürftige Eremitenwohnung in Gestalt einer primitiven Steinhütte zu finden sei, in der zwei oder drei heilige Mönche wohnten.

Mongolischer Bettler

31

Diese seien vollkommen von der Außenwelt abgeschnitten und hätten nur dann eine flüchtige Berüh-
rung mit Menschen, wenn im Winter fromme Pilger
über das Eis zur Insel gingen, um den Eremiten
Nahrungsmittel zu bringen.

Diese Liebeswanderung über den launischen Kuku-
nor sei immer mit Lebensgefahr verbunden; denn
jederzeit könne ein heftiger Sturm aufkommen und
die Eisdecke zerbrechen. Würden diese Winter-
wanderungen versäumt, so müßten die Eremiten
verhungern. Mindestens einmal im Winter müßten
deshalb beherzte Nomaden ihr Leben wagen. Wenn
sie einen genügenden Vorrat an Tsamba (geröstetem
Roggenmehl), Butter und Fett, Tee und Salz gesam-
melt hätten, pflegten sie an der Stelle des Ufers, die
der Insel am nächsten liegt, zu warten, bis das
Wetter ruhig und still zu bleiben versprach; dann
erst träten sie ihre gefährliche Wanderung über das
Eis an.

Man kann sich vorstellen, wie furchtbar eintönig
das Leben auf der Insel für die frommen Eremiten
sein muß. Aber dadurch, daß sie der Welt entsagen
und ihre Tage und Jahre der Meditation und dem
Plappern von Gebeten widmen, sichern sie sich die
Seligkeit, werden von der Seelenwanderung befreit
und verkürzen sich den Weg zu der großen Ruhe
im Nirwana.

Die Eremiten waren von einer wahrhaft erhabenen Natur umgeben. Im Norden und Süden erhoben
sich mächtige Gebirgsketten. Im Osten entstieg die
Sonne dem in grünen und blauen Farbtönen wech-
selnden See, und im Westen versank sie wieder in
feuergelb loderndem Glanz, dessen Widerschein
den Kuku-nor einem Kupfermeer gleichen ließ. Oft
wurde der Friede der Insel durch heftige Stürme

gestört. Dann verfinsterte sich der Himmel im Westen, an den Ufern des Jakflusses wurde der Staub aufgewirbelt, der dann, vom Winde getrieben, über dem See schwebte. Innerhalb weniger Minuten war kein Berg mehr zu erkennen. Immer höher stieg der See, und gewaltige Wogen schlugen mit donnernder Kraft gegen das Westufer der Insel. Zusammengekrochen saßen die Eremiten in ihrer ärmlichen Steinhütte und murmelten ihre Gebete, während es um sie herum brauste und brüllte. Einmal am Tage griffen sie zu ihren Holzschalen und kneteten Kugeln aus Tsamba und Butter. Eingehüllt in Lumpen schliefen sie in ihren Ecken, während draußen der Sturm raste.

Brennmaterial gab es nur, wenn die Nomaden einen oder zwei Säcke voll Jakdünger mit sich hinausnahmen.

Im Spätherbst machte sich die zunehmende Kälte immer stärker bemerkbar. Später im Winter, wenn der See hinreichend abgekühlt war, pflegte sich seine ganze Fläche in einer einzigen Nacht mit Eis zu bedecken.  Bei ruhigem Wetter nahm die Eisdecke schnell an Dicke zu und wurde schließlich so kräftig, daß sie gelinderen Stürmen standhalten konnte. Dann warteten die Eremiten mit Spannung auf die erste Botschaft von der Außenwelt. Täglich spähten

33

sie nach Süden, dorthin, wo das Festlandufer am nächsten war. Voller Unruhe sahen sie nach Westen und voller Furcht, daß ein heftiger Sturm käme und die natürliche Brücke zerbräche, die die Kälte über den See gelegt hatte.

Endlich aber sahen sie eines Tages im Süden ein paar kleine schwarze Punkte auf dem Eise. Sie wuchsen und kamen näher. Die Abgesandten der Nomaden stiegen vom Eise herauf und betraten die steinige Insel, wo sie von den Einsiedlern gesegnet wurden. Sie haben Vorräte für mehrere Monate mitgebracht und berichten, daß von einem anderen Nomadenlager mehr geschickt werde.

Die Abgesandten verweilen nur wenige Minuten auf der Insel. Sie warteten ungeduldig auf den Aufbruch, und ihre Blicke suchen ständig den Horizont ab. Der Himmel ist blau, kein Wind weht. Sie verabschieden sich ehrfürchtig von den Eremiten und eilen auf das Eis, wo sie bald wieder zu Punkten werden und schließlich ganz verschwinden. Dann kehrt die große Einsamkeit wieder bei den Eremiten ein.

Die Jahre vergehen wie im Fluge. Die Eremiten werden älter und sterben schließlich. Wenn einer sein Leben beendet hat, schleppen die beiden anderen seinen Körper auf eine kleine Felsenhöhe, wo er Geiern und Raben zur Nahrung dient. Bald stirbt der zweite, und nur ein Greis ist noch am Leben. Wenn es im Lande bekannt wird, daß nur noch einer oder vielleicht keiner mehr übrig ist, finden sich immer andere Träumer, die bereit sind, sich der Insel und ihren Geistern zu opfern.

Es mag wohl im Laufe der Jahrhunderte geschehen sein, daß die Männer, die den Auftrag erhalten haben, Proviant und Brennmaterial von den

Zeltstädten der Nomaden nach der Insel zu bringen, in einem ungewöhnlich stürmischen Winter am Ufer vergeblich auf eine feste Eisbildung warteten. Das Eis hatte niemals Zeit, einen ununterbrochenen Weg bis zur Insel zu bilden. Und kamen ruhige Windverhältnisse, so reichte die Kälte nicht aus, um eine Eisbrücke nach der Insel zu schlagen. Traurig und betroffen kehrten die Provianttruppen wieder in ihre Zelte zurück. Sie wußten, daß zehn Monate vergangen waren, seitdem zum letzten Male Lebensmittel, die ein knappes Jahr reichen sollten, nach der Insel gebracht worden waren. Und jetzt würde es noch ein Jahr dauern, bis die nächste Eisbrücke die Verbindung mit der Insel wiederherstellte!

Vergebens hatten die drei Einsiedler während des ganzen Winters auf Entsatz gewartet. Jetzt war der Winter vorbei. Die Frühjahrsstürme ließen keine Eisbildung mehr zu. Sie hatten nur noch für kaum zwei Monate Proviant. Der sollte für Frühjahr, Sommer, Herbst und die Hälfte des nächsten Winters reichen. Sie versuchten, Tsamba und Butter einzuteilen, wurden unterernährt und hungrig und aßen, solange noch etwas da war. Sie wurden ausgemergelt und vertrockneten zum Skelett, bis sie schließlich Hungers starben. Als die Hilfsexpedition im nächsten Jahre die Insel erreichte, fand sie in der Klosterhütte drei in Lumpen gekleidete, vertrocknete Mumien.

Oder stellen wir uns ein halbes Dutzend Männer vor, die Säcke voll Tsamba, Butter und Jakdünger über das Eis tragen und im Gürtel ein Stück Ziegeltee und ein paar Beutel Salz mit sich führen. Das Eis scheint fest zu sein. Man sieht die dunkelgrüne Tiefe unter der glasklaren Decke gähnen. Es kracht

35

und pfeift im Eise, wenn neue Risse entstehen. Als der halbe Weg bis zur Insel zurückgelegt ist, wird es im Westen schnell finster. Die Schritte werden beschleunigt. Blauschwarze Wolken rollen dem See entgegen. Atemlos beginnen die Männer zu laufen. Der aufgewirbelte Staub hüllt Land und See in seinen Dunst. Die drohende Tiefe dort unten geht in Schwarz über. Da laufen die Männer um ihr Leben. Sie straucheln, fallen, stehen wieder auf. Zwischen den Bergen dröhnt der Donner. Für Minuten ist die Insel noch wie eine flache, grüne Glocke über dem Eise zu sehen. Dann ist sie vollkommen im Staubdunst verschwunden. Der Sturm reitet über den See. Kaum können sie die Augen offen halten, aber es muß weitergehen. Unwillkürlich lassen sie sich durch den Druck des Sturmes allzu weit nach Osten führen und laufen rechts an der Insel vorbei. Da liegt der ganze See vor ihnen. Weit im Westen von ihnen ist die Insel. Sie sollte ihre Rettung sein, und sie sollten die Retter der heiligen Einsiedler werden. Aber das Unwetter hat alle Berechnungen zunichte gemacht.

Der Sturm fegt Schnee und Staub über die Eisfläche. Ein furchtbarer Knall ist zu vernehmen, und unmittelbar vor ihnen entsteht ein Riß im Eis. Er verbreitert sich langsam, und gepeitscht vom Winde spritzt und schlägt das offene Wasser gegen die Eiskanten. Die Spalte ist nur so breit, daß sie noch darüber hinwegspringen können.

In stummer Verzweiflung eilen sie weiter. Jetzt merken sie an der Länge und Geschwindigkeit ihres Marsches, daß sie die Insel bereits erreicht haben müßten, wenn sie sie nicht aus den Augen verloren hätten. Planlos ziehen sie weiter. Neues Krachen, neue Spalten an mehreren Stellen. Alle Säcke werden im Stich gelassen. Jetzt gilt es nur das Leben. Keiner denkt an die Eremiten, wenn der Tod droht. Und jetzt nach der Insel kommen — ohne Proviant und mit abgebrochenen Brücken?! Die einzige Möglichkeit für eine Rettung ist die, bis zum Nordufer des Kuku-nor durchzuhalten. Dann hat man das eigene Leben gerettet, aber die Eremiten müssen sterben.

Die Stärke des Sturmes nimmt zu. Unheimlich reibende, rasselnde und klingende Töne sind im Westen zu hören. Sie kommen näher und mischen sich mit dem dumpfen, schweren Dröhnen grollender Wogen. Die Eisfläche, auf der sich die Männer befinden, ist auf allen Seiten von gähnenden Spalten umgeben. Mit einem Gefühl des Entsetzens merken sie, wie ihre Scholle zu schwingen beginnt. Durch den Dunst schimmern die schaumgekrönten Wogen, die die Eisscholle zerbrechen und ganze Fluten eiskalten Wassers über sie spülen. Die Männer gehen nicht mehr; sie liegen auf den Knien und stützen sich mit den Händen gegen das Eis. Es knackt und tönt, wenn die nächsten Eisfelder luvwärts von den anstürmenden Wogen in kleine Teile zerrissen werden. Unerbittlich senkt sich die Dämmerung über die zum Tode Verurteilten. Nur einige Sekunden bleiben ihnen, denn schon die nächste Welle muß ihre Scholle erreichen, sprengen, sie im Verlaufe eines einzigen Augenblickes leer spülen und mit den messerscharfen Eisschollen, die sie auf ihrem Kamm trägt; ihre Schädel zerschmettern und sie hinabpressen in die dunkle Tiefe.

Wir aber wollen hoffen, daß sich die guten Geister des blauen Sees ihrer erbarmen und im letzten Augenblick den Wogen gebieten, ihre zerbrechliche Eisscholle ans Ufer zu werfen, wo sie, fast erfroren und halb tot vor Schreck ihre zitternden Schritte nach dem nächsten Nomadenlager lenken, während das eiskalte Wasser aus ihren Pelzen tropft. Am Dungfeuer tauen sie ihre erstarrten Glieder auf und denken mit Dankbarkeit für ihre eigene Rettung an die Eremiten, die nun verhungern müssen, ehe noch der Winter zu Ende gegangen ist.

EIN NEUJAHRSFEST IN TASCHI-LUNPO

Am frühen Morgen des 11. Februar traten zwei vornehme Würdenträger, ein tibetanischer Lama und ein chinesischer Beamter, in mein Zelt, um die üblichen Fragen zu stellen und sich Notizen zu machen. Das tibetanische Neujahr war gekommen, und der erste Tag Losars oder des Neujahrsfestes sollte auf dem für die religiösen Spiele bestimmten Hof gefeiert werden. Ich sprach den Wunsch aus, an den Zeremonien teilnehmen zu dürfen, aber der Lama sagte, daß noch niemals ein Europäer hierbei zugegen gewesen wäre. Auch der Chinese richtete eine Menge Fragen an mich und hatte besonderes Interesse für meinen chinesischen Paß, da dieser nur für Ostturkestan gültig war. Einige Zeit, nachdem sie mich verlassen hatten, kam der Chinese wieder zurück mit dem Bescheid, es stünde mir frei, die Spiele zu besuchen, und es würden für mich und einige meiner Leute besondere Plätze in Bereitschaft gehalten. Schließlich halb elf Uhr trat ein in ein kostbares Gewand von gelber Seide gekleideter Herr namens Tsaktserkan ein, der eine Art Kammerherr beim Taschi Lama zu sein schien, und bat

38

mich bereit zu sein, um mit nach Taschi-lunpo zu kommen, das bei langsamem Ritt in zwölf Minuten zu erreichen sei.

Ein alter Lama

Mit Muhammed Isa als Dolmetscher und gefolgt von meinen lamaistischen Dienern ritt ich an der Seite von Tsaktserkan nach dem Kloster. Wir benutzten Pferde, die noch nie in einer Stadt gewesen waren, am allerwenigsten während einer großen Festlichkeit, und die beim Anblick des bunten und lärmenden Lebens am Wege zwischen der weltlichen und geistlichen Stadt etwas verwirrt wurden. Es wimmelte von Menschen, Fußgängern und Reitern, Städtern und Bauern, Pilgern und Nomaden, Edlen und Landstreichern, Lamas und Bettelmönchen, vornehmen Damen, die mit prunkvollen Steinen und Silberschmuck übersät waren, schwarzen und zerlumpten Bettlern, Chinesen, Mongolen und anderen Fremden. Es war ein Ameisenhaufen von Menschen und Tieren. An den Wegrändern hatten Frauen ihre Stände aufgebaut, um Süßigkeiten, Zuckerzeug und Brezeln zu verkaufen. Schreiende Kinder, Esel und Hunde vermehrten das Gedränge, durch das uns Tsaktserkan einen Weg bahnte.

Das berühmte Kloster war bereits von unserem Garten aus sichtbar, und die goldenen Dächer über den Mausoleen leuchteten in der Entfernung wie Feuer. Wir kamen näher und waren geradezu faszíniert von diesem Labyrinth weißer und roter Häuser, von denen die meisten in tibetanischem Stil, einige aber auch in chinesischer Bauweise mit geschmackvoll geschwungenen, goldbelegten Kupferdächern errichtet waren. Die ganze Klosterstadt liegt am Südfuße eines kahlen und wilden Felsenvorsprungs, so daß die Vorderseiten der Tempel und Gräber nach Süden zeigen. In kurzem Abstande hinter der Reihe der Mausoleen und eine Stufe höher am Abhang erhebt der Labrang oder Vatikan seine stattliche und vornehme weiße Fassade mit schwarz umrahmten Fenstern und gelben oder hellroten Markisen aus flatterndem Stoff. Ganz oben, unter dem Rande des flachen Daches, sind die Mauern dieser heiligen Burg rot bemalt.

Am meisten fesselt den Fremden der Blick auf die fünf Mausoleen, die in einer geraden, von Osten nach Westen verlaufenden Linie erbaut sind und in denen fünf verstorbene Taschi Lamas den letzten Schlaf schlafen. Am höchsten Dachfirst stehen die symbolischen Figuren, das Rad der Lehre und des Gesetzes mit einem Hirsch zu beiden Seiten und der Dreispitz. Auch die Aufsätze des Daches sind mit verschiedenen Figuren verziert. Von ihren äußersten

Spitzen hängen Bronzeglocken herab, an deren Klöppel Falkenfedern gebunden sind, und es genügt bereits ein schwacher Wind, um die Glocken zum Ertönen zu bringen.

Das Gebäude mit dem Dach eines chinesischen Mausoleums zeigt dagegen tibetanischen Stil. Es ist ungefähr würfelförmig. Die Außenflächen der Mauern sind weiß und rot, und in den roten Feldern leuchten bis unter das vorspringende Dach hinauf goldene Schilde, deren Aufgabe es ist, die Dämonen fernzuhalten. Dem gleichen Zwecke dienen die vier oder fünf Fuß hohen zylindrischen Figuren, die mit schwarzem Stoff und weißen Bändern umwickelt sind und alle flachen Dächer zieren.

Unser Blick fällt weiter auf die heiligen Tempel für Buddha und Tsong-kapa, auf die vielen Tempelsäle, die geistlichen Seminare mit ihren Lehrsälen und Bibliotheken mit den heiligen Schriften, die

Dormitorien mit Wohnungen für 3800 Mönche verschiedener Grade der orthodoxen herrschenden Sekte Gelupka, der Gemeinde der Dygdigas, die von Tsong-kapa zu Anfang des 15. Jahrhunderts gegründet wurde; weiter auf die vielen anderen Gebäude und Werkstätten, in denen Götterbilder angefertigt, Tempelgefäße hergestellt und religiöse Gemälde von kunsterfahrenen Lamas ausgeführt werden. Hier gibt es auch Ställe für die Pferde der Mönche, Magazine für ihre Vorräte, Küchen und viele andere Bauten.

Zwischen all diesen Häusern laufen schmale Gassen, deren wichtigste mit flachen Steinen gepflastert sind, seit fünf Jahrhunderten von den Sohlen unzähliger Mönche und Pilger abgenutzt und blank poliert.

Innerhalb wie unmittelbar außerhalb der Tempelstadt erheben sich mehrere weiße Türme oder „Schorten", die in fünf verschiedenen, nach oben zusammenlaufenden Abteilungen aufgeführt sind und die fünf Elemente: Erde, Wasser, Luft, Feuer und Äther symbolisieren. Einige enthalten die Asche von toten Inkarnationen, andere Reliquien von heiligen Männern, heilige Schriften oder Götterbilder.

Tsaktserkan führt uns nach dem östlichen Eingang der Klosterstadt. An einem Tore, an dem ein Schorten steht, verlassen wir unsere Pferde, denn auf den heiligen Straßen darf niemand reiten. Dann steigen wir eine schmale Gasse hinauf, zwischen den Dormitorien hindurch, deren malerische Fenster kleine Balkone oder Brüstungen zeigen, die von Vorsprüngen mit hellen herabhängenden Stoffmänteln überschattet sind. Diese engen Gassen sind unbeschreiblich malerisch. Sie wirken mittelalterlich. Die Mauern der Häuser sind nicht senkrecht

aufgeführt, sondern neigen sich ein wenig zurück,
so daß die Grundfläche einen größeren Raum ein-
nimmt als die Fläche des Daches. Sie sind solide
gebaut, als seien sie für Festungszwecke bestimmt.
Einen besonderen Reiz bietet eine solche Straße,
wenn sie fast überfüllt ist mit barhäuptigen Lamas,

43

die gleich römischen Senatoren mit roten Mänteln drapiert sind, wobei der rechte Arm meist unverhüllt bleibt.

Im bunten Zug der Pilger schreiten wir die Treppen hinauf, durch gewundene, dunkle Korridore und Gänge, und erklettern steile Treppen aus glänzendem, uraltem Holz. Auf knarrenden Dielen gehen wir durch immer höhere Gemächer, in denen immer neue Gruppen von Lamas stehen und leise miteinander sprechen.

Es mag dahingestellt bleiben, ob sie sich besonders geschmeichelt fühlen, daß am höchsten Festtage des Jahres ein Fremder aus dem Lande der Weißen sie und ihr Heiligtum heimsucht. Aber die Anwesenheit Tsaktserkans beweist, daß wir Taschi Lamas Gäste sind, und da glätten sich die Falten der Stirnen, das Gemurmel verstummt, und die finsteren Gesichter erhellen sich zu einem freundlichen Lächeln.

Jetzt wird der Klostergang vor uns heller, und schließlich werden wir auf eine offene Plattform geführt, einen Altan mit Brüstung, auf den Stühle gestellt sind. Unter uns liegt der vornehmste Hof der Klosterstadt, auf dessen gepflastertem, rechtwinkligem Boden die religiösen Schauspiele am ersten Tage des Neujahrsfestes aufgeführt werden sollen.

Welch ein buntes, lebhaftes und eigentümliches Schauspiel rollte sich vor, um und unter uns ab! Wir befanden uns im Herzen des sozialen und religiösen Lebens von Tibet. Da¹ai Lama hatte das Land verlassen, und Taschi Lama war deshalb der höchste weltliche Würdenträger. Es versammelten sich mehr Pilger als sonst in der heiligen Stadt. Umgeben von allen hohen Lamas des Klosters, war er selbst bei den Spielen zugegen. Die Altane, die von

Säulen getragenen Galerien an den Seiten des Hofes, alle Dächer, Erker und Balkone waren mit Zuschauern voll besetzt. Es war eine Ausstellung von tibetanischen Nationaltrachten in schreienden Farben aus allen Provinzen, aus Tsang im südlichen Tibet, aus Kham im Osten, aus Ngari Khorsum im Westen und von den Weiden der halbwilden Nomaden in Tschangtang. Da waren Pilger aus Bhutam und Sikkim, aus Ladak und Nepal, von den endlosen Grassteppen der Mongolei und aus dem Reich der Mitte.

Auf dem höchsten Altan sitzen in gelben und roten Gewändern mit bunten Gürteln um die Hüfte und mit Hüten, so groß wie Sonnenschirme, die Herren von Rang, die dem zivilen Hofstaat Taschi Lamas angehören, und die Obersten von Schigatse. Auf der Galerie unter ihnen haben die vornehmen Damen ihre Plätze eingenommen. Sie tragen mehrfache Perlenhalsbänder mit Schmuckstücken aus Silber, die mit Türkisen und Korallen dicht besetzt sind; sie haben große Ohrgehänge von echtem Gold, die ebenfalls mit Türkisen geschmückt sind, und über ihren Nacken erheben sich weiße, mit glitzernden Edelsteinen besetzte Kragen.

Die weniger vornehmen Plätze werden von den Männern, Frauen, Kindern und Pilgern der Dörfer eingenommen. Sie sitzen eng zusammengepfercht auf gekreuzten Beinen. Alle befinden sich in Feststimmung. Sie schwatzen, lachen und knabbern an Süßigkeiten, Zuckerkuchen und getrockneten Pfirsichen. Ein brausender Lärm von Stimmen erfüllt die Luft. Ein paar Bettler lehnen gegen eine Wand und singen, aber ihr Singen geht in dem Gemurmel vollkommen unter.

Jetzt läuten die Tempelglocken zum Fest! Es wird still unter den Tausenden von Pilgern. Plötzlich ertönen von den höchsten Tempeldächern tiefe, langgezogene Hornstöße. Die Pilger, die Wochen oder Monate hindurch auf der Reise gewesen sind, sitzen in atemloser Spannung. Man lauscht und wartet.

Da vernimmt man aus unsichtbaren Gewölben in der mit schwarzen Draperien verhängten roten Galerie unter uns und uns gegenüber einen wunderbar einschmeichelnden und melodischen Gesang. Es ist ein gemischter Chor von Knaben-, Jünglings- und Männerstimmen, die zu einer weichen und langsam schleppenden Melodie verschmelzen. Sie schwillt an zu einem brausenden Hymnus und verklingt langsam, um dann wieder anzusteigen, in langen Wogen von Wohlklang, bezaubernd und einschläfernd wie ein Wiegenlied, wie ein sanfter Wind über einem Mohnfelde.

So wird der Frühling in Taschi-lunpo eingesungen. Wohl feiert man das Losar-Fest zur Erinnerung an den Sieg des großen Religionsstifters über die sechs falschen Propheten, die den rechten Glauben bekämpften. Für die großen Massen aber, für Bauern und Nomaden, ist Losar auch ein Fest des

Frühlings und des Lichtes, an dem man sich freut über die Rückkehr der Sonne, den Sieg der zunehmenden Tage über das Dunkel des Winters, das Abnehmen der Kälte, das Wiedererwachen der keimenden Saat vom Winterschlaf und den Einzug des milden Frühlings in Berge und Täler. Dann können sich die Schafe, die Jaks und die Pferde wieder satt fressen, und Antilopen, Wildjaks, Wildesel und Wildschafe werden wieder fetter und schenken den Jägern mit ihrem Fleisch eine kräftigere Nahrung. Die Zeit der Winterstürme ist vorbei, und laue Lüfte lassen die Wimpel auf den Opferhöhen und auf allen Tempeldächern flattern, und wärmer und freundlicher klingen die Tempelglocken.

Kupferposaunen erschallen. Ein gedämpftes Murmeln geht durch die Menge. Aller Blicke richten sich nach dem Eingang der Galerie, wo sich der höchste

Lama Tibets zeigen wird. Er kommt, und vor ihm her gehen hohe Mönche, die sein Ornat als Oberster Priester tragen. Ergriffen von heiliger Andacht erheben sich die Menschen und beugen sich tief. Er geht langsam. Auf dem Kopfe trägt er eine Mitra, und sein Gewand ist von schimmernder gelber Seide. In den Händen hält er einen Rosenkranz. Er nimmt Platz auf weichen Kissen, neben ihm die Kardinäle des Klosters, einige von ihnen ehrwürdige, grauhaarige Männer. Durch eine herabhängende Draperie von gelber Seide, mit einer viereckigen Öffnung in der Mitte, ist er von der Welt getrennt. Man sieht jedoch seinen Kopf und seinen Oberkörper, und er selbst sieht alles, was im Klosterhofe vor sich geht.

Die Tänze des Festspiels nehmen ihren Anfang. Zwei Lamas mit unheimlichen Masken treten aus der gegenüberliegenden Galerie im unteren Stockwerk heraus und steigen die Steintreppe hinab, die auf den Hof führt. Ihnen folgen elf Lamas, deren jeder eine bunte Fahne trägt, mit der er vor dem Thron Taschi Lamas stehenbleibt und ihn grüßt.

Dann folgen Lamas mit weißen Masken und weißen Gewändern, während andere die heiligen Symbole und Tempelgefäße tragen, goldene Schalen und Becher und Weihrauchgefäße aus rötestem Golde, die an Goldketten schwingen.

Die geistlichen Musikanten mit ihren drei Meter langen Kupferposaunen, die mit hellglänzenden Messinggürteln beschlagen sind, ziehen wie eine Prozession durch den Hof. Jedes einzelne Instrument wird von zwei Lamas getragen, von denen der vordere meist ein Novizenknabe ist.

Nach ihnen kommt eine Gruppe von Mönchen, die ihre Zimbeln laut gegeneinanderschlagen. Ma-

Schorten oder Türme, die heilige Reliquien bergen

lerisch wirken auch die vierzig Trommeln, die senkrecht an Stangen getragen und mit langen, schwanenhalsförmig gebogenen Trommelstäben mit einem Lederball am Ende geschlagen werden. Die Musikanten setzen sich auf eine Matte, die auf dem Hofe ausgebreitet ist, und lassen unausgesetzt ihre lärmende Musik ertönen. So monoton sie auch ist, sie wirkt doch festlich, besonders auf die Tanzenden, die sich immer schneller um sich selbst drehen.

Gruppe auf Gruppe der geistlichen Spieler betritt die Schaubühne und verschwindet wieder hinter dem Vorhang der unteren Galerie. Die Tanzenden sind in prachtvolle, farbenreich bestickte Seidengewänder gekleidet, die oft reichlich mit Goldbrokat durchwirkt sind. Vor dem Gesicht tragen sie widerliche Masken aus Papiermaché oder dünnem Kupferblech, die wilde Tiere, Phantasietiere, Drachen, Dämonen, Teufel oder Totenköpfe mit verdrehten, bösen Zügen, offenem Rachen und drohenden Stoßzähnen darstellen. Wir nennen diese religiösen Schauspiele für gewöhnlich „Teufelstänze", und ihre Aufgabe ist unter anderem auch die, den Laien mit den abschreckenden Dämonen und Geistern vertraut zu machen, die auf den unsichtbaren Pfaden der Seelenwanderung, auf dem Wege zur vollkommenen Ruhe des Paradieses die Seelen der Toten begleiten und schrecken.

Mitten auf dem Hofe wurde ein kleines Feuer angezündet, zwei Lamas traten hinzu; sie trugen in den Händen ein großes Stück Papier, das ein Bild des vergangenen Jahres darstellen sollte. Auf diesem Papier hatte man alle während des vergangenen Jahres begangenen Sünden aufgezeichnet sowie alles Böse und alles Elend, von dem man im kommenden Jahre verschont zu bleiben wünschte. Unter Hersagen von Gebeten und Beschwörungsformeln und mit symbolischen Armbewegungen kommt ein dritter Lama zum Feuer und schüttet aus einer Schale ein leicht entzündliches Pulver in die Flammen, die plötzlich auflodern und in einem Augenblick das Papier und all das Böse, das es darstellt, verzehren. Damit ist die Macht der Dämonen und der unterirdischen Geister gebrochen, und das neue Jahr beginnt seinen Lauf mit Segen und Glück.

Viele dieser religiösen Gebräuche haben zweifellos uralte Ahnen in Tibet, und die Beschwörungstänze gehören ganz sicher zu der frühen Pön-Religion, die das Land beherrschte, bis die nördliche, verzerrte Form des Buddhismus, etwa im

Jahre 640 v. Chr., zur Zeit des Königs Sron Tsan-Gampo, in Tibet eingeführt wurde. Dieser König wurde von seinen beiden Gemahlinnen, Prinzessinnen aus China und Nepal, zu der neuen Lehre bekehrt. Ihnen wurde später als der weißen und der grünen Tara gehuldigt. Ihre Bilder sind noch heute in allen Lamatempeln zu sehen.

Bogenschützen beim Neujahrsfest

In Tibet konnte die neue Lehre nur Wurzel fassen, wenn vieles vom alten Glauben und Aberglauben in ihre Lehrsätze und religiösen Gebräuche aufgenommen wurde. Denn diese halbwilden Nomaden, Jäger und Hirten, die ihr Leben lang in der freien Natur und unter freiem Himmel lebten, waren seit Jahrhunderten daran gewöhnt, Erde, Berge, Pässe, Seen, Flüsse und Luft mit guten und bösen Geistern zu bevölkern. Steinhaufen, gewöhnlich mit Stangen versehen, werden errichtet, um die Geister zu besänftigen, die, wie man annimmt, den Paß bewohnen und beherrschen. Auf diesen Hügeln werden Steine geopfert und Lumpen, die man sich aus den Kleidern schneidet. In die Steine werden

51

die heiligen Gebetsformeln eingehauen, und wenn man einen Jakschädel opfert, so ritzt man vorher in seine Stirn die sechs Silben ein: „om mani padme hum". Die Dämonen und Schutzgeister der Luft haben die Herrschaft über zahme und wilde Tiere. Haben die bösen Luftgeister die Oberhand, so bleibt der Regen aus, und das Sommergras, von dem das Leben der Tiere abhängt, gedeiht nicht. Oder die zahmen und wilden Herden werden durch furchtbare Hagelstürme oder Schneefälle vernichtet.

Ein Überbleibsel von den alten Menschenopfern fand sich auch bei dem Neujahrsfest, dem ich in Taschi-lunpo beiwohnte. Ein Lama tritt mit einer Schale, die aus einem Menschenschädel geformt ist, zwischen die schwarzen Draperien vor die untere Galerie, unserem Platz gerade gegenüber. Die Schale ist mit einer roten Flüssigkeit gefüllt, die, wie man sagt, aus Ziegenblut besteht. Der Lama liest Gebete und Beschwörungen und kreist in mystischem Tanz auf den Stufen. Dabei gießt er das Blut aus der Schale, die er in seiner ausgestreckten Hand hält, und das Blut färbt die Stufen rot. In alten Zeiten wurde diese Zeremonie sicherlich mit Menschenblut ausgeführt.

Als das Programm dieses Festes abgelaufen war, zogen Taschi Lama und die hohen Mönche gerade so still und würdig wieder ab, wie sie gekommen waren. In bester Ordnung und Ruhe brachen auch die Pilger auf, und nach kurzer Zeit lag der Klosterhof leer und schweigend da. Aber das Fest dauerte hiernach noch ganze fünfzehn Tage, und jeder Tag bot neue Zeremonien.

Meine kostbarste Erinnerung an Taschi-lunpo ist
der Besuch bei dem göttlichen Taschi Lama. Mir war
mitgeteilt worden, daß er mich früh am Morgen
nach dem ersten Tage der Neujahrsspiele erwarte.
Gefolgt von meinem Dolmetscher ritt ich durch die
Klosterstadt. Über Treppen, dunkle Gänge und
Gemächer des Labrang schritten wir dem Allerheiligsten entgegen. Es war genau wie in Rom,
wenn man dem Papst seine Huldigung erweisen
will. Auch in Taschi-lunpo wird man zuerst von
einem ehrwürdigen Prälaten empfangen, einem
älteren Lama von hohem Rang, glattrasiert, mit
kurz geschnittenem weißem Haar, rundem Kopf
und gemütlichen Zügen. Sein Zimmer fiel auf durch

den feinen, eleganten und würdigen Geschmack
seiner Einrichtung. Man saß auf roten Kissen. Die
Einrichtung, Götterschreine, Tische und Fußbänke,

bestand aus rotlackiertem Holz. Götterbilder aus Gold und Silber, teils reichverzierte kleine Götterschreine aus Silber, Symbole und Opfergefäße schmückten den Altar. Der Lama erkundigte sich nach meiner Reise, nach meiner Bekanntschaft mit dem Vizekönig von Indien, meiner Beschäftigung und meinem Land im hohen Norden. Wir tranken Tee und unterhielten uns eine gute Stunde.

Als es Zeit war, traten ein paar Lamas in der üblichen roten Toga ein und begleiteten uns eine weitere Treppe hinauf, die abgenutzt und schlüpfrig wie Eis war. Überall standen Gruppen von Mönchen und betrachteten uns neugierig. Man merkte, daß man sich dem Allerheiligsten näherte, denn das Gespräch wurde immer leiser, und schließlich war nur noch ein Flüstern zu vernehmen. Noch ein Stockwerk. Alle mit Ausnahme des Dolmetschers mußten warten.

Eine letzte Türe wird geöffnet. Ich will nicht verhehlen, daß ich ein gewisses feierliches Beben verspürte, als ich mich näherte und in wenigen Minuten dem heiligsten Manne der ganzen lamaistischen Welt gegenüberstehen sollte, einem Manne, der Gegenstand göttlicher Verehrung bei Millionen von Menschen war, in Tibet, in den Ländern des Transhimalaja, im nördlichen China, der Mongolei, Ostsibirien und bei den Kalmücken an den Ufern der Wolga. Aber dieses feierliche Gefühl verschwand spurlos, als ich in den einfachen Raum getreten war, in dem Seine Heiligkeit auf einer wandfesten Bank oder einem Holzsofa an einem Tische saß, neben einem ganz kleinen Fenster, durch das sein träumender Blick über die sündige Stadt schwebte, Schigatse, die Lhasa unterstellt ist, und über die herrlichen Berge, die seinen irdischen Horizont begrenzen.

54

Er war, wie der einfachste Mönch, in die übliche rote Toga gekleidet; beide Arme waren unverhüllt. Das einzige, was ihn in diesem Gewande von anderen Mönchen unterschied, war die goldgestickte Weste, von der ein kleines Stück zwischen den Falten der Toga hervorschimmerte. Das dunkle Haar war kurz geschnitten.

Bei meinem Eintritt richtete er seine kastanienbraunen Augen mit dem wehmütigen, unendlich guten und freundlichen Blick auf mich. Und als ich vor ihm stand, streckte er mir seine beiden weichen Hände entgegen und bat mich, in einem europäischen Lehnstuhl ihm direkt gegenüber Platz zu nehmen. Lange behielt er seine Hände in den meinen und betrachtete mich lächelnd.

Seine Stimme war weich, verbindlich, fast scheu, als er mich in Taschi-lunpo und Schigatse willkommen hieß. Er stellte eine Reihe von Fragen über unsere Reise und fürchtete, daß wir während des vergangenen Winters harte Kälte und viele heftige Stürme in Chang-tang auszustehen gehabt hätten. Ob die Nomaden gastfrei gewesen seien und uns gegeben hätten, was wir benötigten? Ob man versucht habe, meine Reise zu behindern?

Nach und nach verschwand bei der Unterhaltung alle Scheu, und er sagte, er sei mein Freund und habe den Mönchen den Auftrag gegeben, mir das ganze Kloster, alle seine Tempel und Lehrsäle zu zeigen, und es stünde mir frei, in der Klosterstadt alles anzusehen, was ich wollte, zu photographieren, zu zeichnen, Notizen zu machen, und keiner sollte es wagen, mich in irgendeiner Weise zu behindern.

Dann erzählte er von seiner eigenen Reise nach Indien im Jahre 1905, wie freundlich er vom Vizekönig Lord Minto und Lord Kitchener aufgenommen worden sei, über das warme Klima und die lange mühsame Reise über das Gebirge und durch die tiefen Täler mit ihrer tropischen Vegetation.

Ein Thema, das ihn im höchsten Maße interessierte, war die Einteilung Europas in verschiedene Staaten und ihre Kaiser und Könige. Besonderes Interesse hatte er für den Zaren von Rußland, der nach dem Glauben der Lamaisten eine Inkarnation der Göttin Tara war. Er fragte mich, was ich von der Macht und den Absichten Rußlands glaubte, von seiner Armee, seiner Flotte, ob England oder Rußland die stärkere Macht sei und welche Kräfte andere Staaten aufstellen könnten. Großes Interesse hegte er auch für China und fragte, welche Teile vom Reich der Mitte ich besucht hätte.

Das liebenswürdige und warme Lächeln, das sein Gesicht erhellte, verließ es nicht einen Augenblick. Ich hatte das Gefühl, daß ein Freundschaftsband zwischen uns geknüpft sei, das niemals reißen würde, und viel später erhielt ich den Beweis dafür, daß es standhielt. Ich gab zu erkennen, daß ich ihn nicht länger stören wolle, aber er legte seine Hand auf die meine und hielt mich zurück.

Wunderbarer, bezaubernder Taschi Lama! Mochte er nach dem Glauben der Lamaisten ein Gott sein, auch als Mensch hatte er einen seltenen persönlichen Reiz und erhob sich wahrhaft um Haupteslänge über die ganze lamaistische Welt unserer Tage. Unser Gespräch dauerte über drei Stunden, und schließlich verabschiedete er sich ebenso verbindlich und freundlich, wie er mich kurz zuvor begrüßt hatte. Er bat mich, bald wiederzukommen und dann meinen Photoapparat mitzubringen.

Einige Tage später erfolgte dieser zweite Besuch und dauerte ebenso lange wie der erste. Der Großlama erhob sich von seinem Platz und nahm die richtige Stellung in der richtigen Beleuchtung ein, genau, wie ich es haben wollte. Zuletzt ließ er zu meinem Erstaunen seinen eigenen Photoapparat holen und revanchierte sich mit ein paar Bildern von mir. Am Abend entwickelten wir in seiner eigenen Dunkelkammer, wobei ich von einem jungen Lama unterstützt wurde, den ich zwanzig Jahre später unter dem Namen Lo Kampo in Peking wiedersah.

Taschi Lama ist ein Gott in Menschengestalt oder die Inkarnation einer Gottheit. Man nahm das Vorhandensein eines höchsten Wesens an, eines allmächtigen, allgegenwärtigen Schöpfers und Erlösers, von dem die fünf Dhyani Buddhas ausgehen, unter denen Amitaba Buddha, „dem Herrn des westlichen Paradieses", als dem vornehmsten besonders gehuldigt wird. Sein tibetanischer Name ist O-pame oder „Heavenly Buddha of measureless Light". Diese Gottheit hat irdische Gestalt angenommen in Taschi Lama, oder wie er in Tibet genannt wird,

Panchen Rinpoche, „The great Pandit of great Price" oder „The Precious Teacher". Die Mongolen nennen ihn Panchen Bogdo oder Panchen Erdeni. Die geistlichen Söhne oder Emanationen von Buddha heißen Bodhisatva. Ihre Aufgabe ist es, die Menschen vom Leid der Seelenwanderung, der Metempsychose, zu erlösen und sie zur Buddhaschaft zu führen. Die Zahl der Bodhisatva ist sehr groß. In Tibet ist der bekannteste von ihnen Avalokitesvara, weil er in Dalai Lama leibliche Gestalt angenommen hat. Sein tibetanischer Name ist Chen-re-zi. Er ist oft abgebildet in Bronze oder als Gemälde, mit elf Köpfen und zahllosen Armen, die seine Allmacht darstellen. Ö-pa-me ist der geistliche Vater von Chen-re-zi, und deshalb hat Taschi Lama ein größeres Ansehen an Heiligkeit als Dalai Lama.

Der erste in der Reihe der Dalai Lamas, Gedun Trup-pa, ist der Gründer von Taschi-lunpo und ist dort begraben. Das Kloster wurde in den Jahren 1447 bis 1453 erbaut und mit Buddhabildern und Gemälden ausgeschmückt. Der Name bedeutet „Berg der Segnungen", und dieses Kloster blieb und ist auch heute noch Sitz der Inkarnation Amitabas.

Das Gebiet Taschi Lamas, die Provinz Tsang, bei meinem Besuch ganz einfach Labrang genannt, das ihm, wie der Kirchenstaat dem Vatikan, unterstellt war, ist in weltlichen Dingen jedoch Lhasa untergeordnet; die Beamten und Priester werden von den vier Grand Secretaries der Zentralregierung in Vorschlag gebracht und vom Dalai Lama berufen.

Taschi Lama lebte siebzehn lange Jahre in seiner heiligen Klosterstadt. Dann kam das Jahr 1924 mit seinen religiösen und politischen Kämpfen zwischen Lhasa und Taschi-lunpo, und Taschi Lama mußte fliehen. Seine Absicht war, sich nach Urga, der

Hauptstadt der Äußeren Mongolei, zu begeben, doch wurde er von der chinesischen Regierung genötigt, Peking zu seiner Residenz zu wählen. Im Dezember des Jahres 1926 wurde ich von ihm in dem alten Kaiserpalast in Nan-hai empfangen.

Zwar waren seit unserem ersten Zusammentreffen zwanzig Jahre vergangen, aber als er mir mit dem gleichen milden Lächeln wie damals seine beiden Hände zum Willkommen entgegenstreckte und mir einen goldenen Ring schenkte, war es, als seien nur ebenso viele Tage verflossen. Er hat seitdem mehrere Reisen in der Mongolei und der Mandschurei ausgeführt, und durch die Vertretung, die er in Peking unterhält, habe ich bei mehreren Gelegenheiten die alten Verbindungen zwischen uns aufrechterhalten.

Eine Schilderung seiner Klosterstadt würde ein Werk von vielen Bänden erfordern. Hier mögen nur den vornehmsten Heiligtümern einige Worte gewidmet sein, in denen ich während der sechs Wochen, die ich als Taschi Lamas Gast verbrachte, so viele Stunden verweilen durfte.

Die fünf Mausoleen habe ich bereits erwähnt. Jede einzelne dieser Grabkapellen ist ein Kunstwerk für sich. Sie sind alle nach einem bestimmten, gleichartigen Plan gebaut. Von einem rechtwinkligen Hof führt eine dreifache Holztreppe mit Geländern nach einer offenen Vorhalle, in deren Rückwand sich der Eingang zur Grabhalle befindet. An den Wänden der Vorhalle sind die Lokapalas oder die vier großen Könige, die Beschützer der Himmelsgegenden, in frischen und lebhaften Farben, aber mit den abschreckenden Zügen phantastischer wilder Tiere mit flammenden Augen, offenem Rachen und gewaltigen Stoßzähnen abgebildet.

In den Händen halten sie Waffen und Symbole, um sie herum steigen Feuer und leichte Wolken auf. Wir finden diese vier Himmelswächter nicht nur an den Grabkapellen, sondern auch an den Eingängen zu den Tempeln. Sie schützen die Götter und Heiligtümer im Innern und jagen die bösen Dämonen in die Flucht.

Das Grab des dritten Taschi Lama erweckte mein besonderes Interesse, denn er spielte zu seinen Lebzeiten eine gewisse politische Rolle und hatte für die Kaiser von China eine weit größere Bedeutung als der König von England. Kaiser Chienlung lud ihn im Jahre 1779 in seine Hauptstadt ein und empfing ihn in seiner Sommerresidenz Jehol mit märchenhaften Ehrenbezeigungen. Aber der hohe Prälat erkrankte und starb im gelben Tempel zu Peking. Dem Kaiser, der nach außen die tiefste Trauer an den Tag legte, war der Tod des Großlama nicht unwillkommen, denn der hohe Prälat hatte mit dem Generalgouverneur von Indien Verhandlungen geführt, und der Kaiser vermutete bei ihm Absichten, die für die Sicherheit Chinas gefährlich werden könnten. Der Tote wurde in sitzender Stellung in einen pyramidenförmigen Sarkophag aus Gold hineingebracht und von Peking nach Taschi-lunpo getragen. Der Leichenzug brauchte sieben Monate und stand einzig da in seiner kirchlichen und militärischen Pracht.

Seine Grabkammer ist wunderbar und ein Meisterwerk kirchlicher Prachtentfaltung. Wenn man die Vorhalle mit den vier Himmelswächtern passiert hat und die mächtigen, mit schimmernden Messingplatten und gewaltigen Ringen beschlagenen Türen aus rotlackiertem Holz geöffnet worden sind, fällt der Blick auf eine hohe, pyramidenförmige

Säule oder Schorten aus Silber und Gold, die mit
Edelsteinen besetzt ist und wahrscheinlich eine
Hülle für den historischen goldenen Sarkophag dar-
stellt. Auf dem Altar davor ist ein Bild des Refor-
mators Tsong-kapa zu sehen, der wie er selbst eine
Inkarnation von Amitaba Buddha war, sowie
mehrere andere Bilder, Symbole, Opfergefäße und
Lampen aus Gold und Silber.

Alle Grabmale waren geschlossen, wurden mir aber geöffnet. Nur das Mausoleum des fünften Taschi Lama, das etwa im Jahre 1888 die Leiche des Vorgängers des jetzigen Oberpriesters aufnahm, stand allen offen, und die Pilger strömten dorthin. Es war interessant, sie hier zu beobachten. Sie verneigten sich mit der gleichen tiefen Ehrfurcht, die sie dem lebenden Großlama bezeigten. Sie fallen auf die Knie, neigen den Kopf, wobei sie mit der Stirne und den Händen den Boden berühren, und versinken in Gebete. Die Planken des Fußbodens waren durch die zahllosen Hände, die sie neunzehn Jahre hindurch berührt hatten, blank poliert. Im Innern herrscht ein gedämpftes, heiliges Dämmerlicht. Pilger aus fernen Tälern und entlegenen Bergen füllten die Opferschalen mit Reis, Mehl und Butter; sie waren von ihrer Andacht so tief erfüllt, daß sie nicht einmal merkten, wie ich mit dem Skizzenbuch auf dem Schoße dort saß und zeichnete. Wenn man sie dazu veranlaßt hätte, über ihr Lebensschicksal und ihren Glauben an die Seelenwanderung zu berichten, so hätte dies sicher Stoff für eine ganze Reihe von Romanen mit seltsam spannendem Reiz ergeben.

Auf den mit hohen Schorten geschmückten Klosterhöfen konnte ich mich in das Gedränge weither gekommener Reisender und ihrer Frauen mischen und die endlosen Reihen derer betrachten, die darauf warteten, vor das Angesicht des Heiligen zu treten und ihre Scheitel von seiner segnenden Hand oder seinem Stab berühren zu lassen. Für viele von ihnen war dies der höchste Augenblick ihres Lebens.

Kandjur-Ihakang ist der Name des großen Saales, den man als Aula einer theologischen Hochschule

oder noch eher als den Hörsaal einer geistlichen Fakultät bezeichnen könnte. Dort werden die heiligen Texte des Lamaismus verwahrt, die zusammen eine Bibel von 108 gewaltigen Bänden ergeben. Die Blätter liegen jedoch lose zwischen harten Holzdeckeln, die mit Lederriemen umwickelt und in blaues Tuch eingehüllt sind. Dieses Riesenwerk heißt Kandjur. Die Kommentare und Auslegungen zu diesen Texten werden Tandjur genannt und füllen 225 ähnliche Bände.

Auf dem Boden standen Reihen von Pulten und Bänken, die mit roten Kissen belegt waren. Eine Glocke ertönte, und die Novizen strömten in den Klostersaal, nahmen ihre Plätze ein und öffneten die langen Blätter mit den heiligen Texten. Der Lehrer, ein Lama von hohem Rang, singt diese Texte mit derbem und mächtigem Baß vor, und

seine Schüler antworten in eintönigem Wechsel-
gesang. Ein paar Jünglinge hörten nicht zu, sondern
kicherten in ihre Togen und betrachteten mich beim
Zeichnen.

Der Raum wurde von oben beleuchtet, denn das
Dach besaß in der Mitte eine große, langgestreckte
Öffnung, durch die das Tageslicht hereinströmte.
Wie die Trophäen in einer Rüstkammer hingen an
allen Wänden und an einigen Säulen zahlreiche, in
lebhaften und bunten Farben gemalte Standarten,
Tankas oder Tempelfahnen genannt. Auf einer
jeden von ihnen ist von kunsterfahrener Hand die
Legende einer Gottheit oder eines Heiligen dar-
gestellt. Hier gewinnt man auch eine Vorstellung
davon, wie sich der Künstler, der meist selbst ein
angesehener Mönch ist, die himmlischen Wohnungen
und die Plagen der Hölle denkt. Buddhas Leben
und Wunderwerk bildet häufig das Thema für der-
artige Farbbilder auf den Geweben. Es ist eine den
Göttern wohlgefällige Tat, sein Leben der Aus-
führung solcher Tempelgemälde zu widmen, und
ebenso verdienstvoll ist es, Götterbilder, Kult-
gegenstände und Tanzgewänder herzustellen oder
mit Hammer und Meißel die heiligen Worte „om
mani padme hum" in die Schiefertafeln oder in
andere flache Steine einzuhauen, welche die Votiv-
haufen auf Wegen und Pässen schmücken.

Als ich eines Abends spät von der Arbeit im
Kloster zurückkehrte, hörte ich durch die verschlos-
senen Tore zum Tempel Tsong-kapas, des großen
Reformators, feierliche Posaunentöne und die
Klänge dumpfer Trommeln und ging hinein, um
dem nächtlichen Gottesdienst beizuwohnen. Dem
Eingang gerade gegenüber sitzt eine Reihe hoher
Götter. Die mittelste Statue ist ein riesenhaftes Bild

von Tsong-kapa, schimmernd in Gold und mit bunten Seidentüchern drapiert. Auf dem Altar davor standen die gewöhnlichen heiligen Gefäße, die Symbole und Opferschalen, und dort brannten vierzig Dochte in Schalen von Silber und Messing. Eine andere Beleuchtung war nicht vorhanden, so daß eine mystisch heilige Dämmerung herrschte. Aber die Bilder erglänzten im matten Schein der Flammen, und von den Weihrauchgefäßen stiegen blaugraue Rauchsäulen empor zu den träumenden und milden Gesichtern der hohen Götter. Rechtwinklig zum Altar dehnten sich zwischen den Säulen des Saales lange Reihen paralleler, riedriger roter Ruhepolster, auf denen die Mönche saßen. Vor sich hatten sie auf niedrigen, schemelähnlichen Tischen heilige Schriften ausgebreitet. Sie sangen die Texte einstimmig in eintöniger Weise, und von Zeit zu Zeit steigerte sich der Gesang bei den Worten „Lama" und „om mani". Mit gewissen Zwischenräumen wurden die Trommeln und Posaunen bearbeitet, man schlug die Zimbeln und läutete mit den Messingglocken. „Dorche" oder Donnerkeile lagen neben den Schriften oder wurden von den Mönchen in den Händen gehalten. Die ganze religiöse Szene war imposant und in hohem Maße malerisch. So schwach die Beleuchtung auch ist, sie wirkt effektvoll, wenn ihr matter Schein auf die Mönche in ihren roten Togen und auf die bunten und vergoldeten Gegenstände fällt. Die mystische Stimmung ist bezaubernd, und die Stunden der Nacht vergessend, blieb ich an einer Seitenwand sitzen und lauschte dem Gesang und genoß dieses seltsam reizvolle Gemälde.

Die Tage und Wochen, die ich in dem unvergleich-
lichen Taschi-lunpo zubrachte, vergingen wie im
Fluge. Schließlich kam der letzte Tag, der Tag des
Aufbruchs, an dem ein neuer Abschnitt meines
tibetanischen Abenteuers seinen Anfang nahm.

Meine Karawane wurde auf Anweisung der hohen chinesischen Mandarine in Lhasa, Chang und
Lien von tibetanischen Reitern eskortiert, als wir
uns nach Westen begaben, um den Transhimalaja zu
erforschen. Einen Tag vor Je machte ich mit einigen
Begleitern einen Abstecher in ein Nebental, um das
Kloster Tarting-gompa zu besuchen.

Ein freundlicher Lama führte mich durch die
verschiedenen Tempelsäle und berichtete unter anderem, daß der Prior von Tarting, eine achtzig-
jährige Inkarnation, am vorhergehenden Abend
gestorben sei. Ich bat den freundlichen Lama, mir
die Zelle des Priors zu zeigen.

„Nein", antwortete er, „Sie können nicht dahin-
gehen, denn jetzt werden dem Verstorbenen gerade
die Totengebete gelesen."

Er ließ sich aber doch zu guter Letzt dazu über-
reden, uns nach dem Haus des Priors zu führen.
Auf unser Klopfen öffnete ein Greis. Auf dem kleinen Hof saßen eine Frau und zwei Männer und
schnitten Späne, auf die mit einem Holzblock Gebetsformeln in roter Farbe gedruckt wurden und mit
denen das Totenfeuer angezündet werden sollte.

Ohne um Erlaubnis zu fragen, gingen wir in die
Zelle. Sie war kaum zehn Fuß im Geviert. Mit dem
Rücken gegen das Gitterfenster saßen zwei alte
Mönche. Vor ihnen auf einem niedrigen Tischchen

lagen die geschriebenen Totengebete. Zwei andere Mönche saßen mitten auf dem Fußboden. Alle vier lasen für den Toten drei Tage und drei Nächte. Das Bett des Priors befand sich auf einer Erhöhung an der einen Wand, mit dem Kopfende nach dem Fenster zu. Der Tote saß etwas vornübergebeugt mit gekreuzten Beinen im Bett; sein Rücken war dem Lichte zugekehrt. Er trug ein buntes Gewand und Schuhe an den Füßen sowie ein dünnes, durchscheinendes Tuch von weißer Seide vor dem Gesicht und eine Kopfbedeckung aus rotem und blauem Tuch, die einer Krone glich. Vor ihm im Bett waren ein paar Götterbilder auf einem Schemel aufgestellt, dazu Opferschalen und brennende Lichter.

Die Mönche, die getreulich ihre Totenwache hielten, wurden ängstlich und bestürzt, als ich eintrat und mich in der Nähe des Totenlagers auf den Fußboden setzte. Sie hatten nie einen Europäer gesehen. Kaum war einer von den drei Tagen vergangen, da kam ich und beunruhigte die Seele, die gerade ihre irdische Hülle verlassen hatte. Die Mönche waren weniger um ihrer selbst willen bestürzt, als des Priors wegen. Sie lasen jedoch weiter, machten aber dann eine Pause, während der wir sie ansprachen und erfuhren, daß der Tote in einem Alter von fünf Jahren von seinen Eltern der Bruderschaft von Tarting überantwortet worden war, wo er von Stufe zu Stufe emporstieg und schließlich die höchste Würde erreichte. Jetzt sollte er in ein weißes Gewand gekleidet und in sitzender Stellung auf dem Holzstoß verbrannt werden. Dann werde seine Asche nach dem Heiligen Berge Kailas gebracht und in ein Schorten eingemauert.

Ich betrachtete den toten alten Mönch, der in seinem Bett saß und die Augen dem Licht verschlossen hatte. Als Knabe war er für immer dem freien Leben unter den schwarzen Zelten und weidenden Herden entrückt worden, hatte der Welt entsagt und war in einen Mönchsorden aufgenommen worden, von dem keines der damaligen Mitglieder mehr am Leben war. In Tarting-gompa war er der älteste und letzte seiner Generation. Er hatte gesehen, wie die alten Lamas starben, die jungen zu Männern heranwuchsen und neue Knaben aufgenommen und durch die Klostergelübde gebunden wurden. Sie waren eine Zeitlang in den Tempelsälen gewandert, hatten die Lichter entzündet, die Wasserschalen vor den Götterbildern gefüllt und Trommel und Zimbel zum Erklingen gebracht. Dann waren sie Männer und Greise geworden, und einer nach dem anderen war aufgebrochen, einem unbekannten Schicksal entgegen auf der Seelenwanderung zur ewigen Ruhe. Siebenundfünfzig Jahre hatte dieser Prior, Namgang Rinpoche, in der Zelle gewohnt, in der er jetzt tot und starr auf seinem Bette saß. Er hatte neue Scharen von Pilgern kommen und gehen sehen und gehört, wie die Weststürme den Flugsand in das Tal des Sangpo jagten. Siebenundfünfzig Jahre hatte er bei der Feier des Neujahrsfestes an Tanz und Gesang teilgenommen und die Ankunft des neuen Frühlings begrüßt. Siebenundfünfzig Jahre hatte er gefühlt, wie die lauen Lüfte über das Gebirge zogen, und hatte sich in seiner Zelle warm eingehüllt, um ebensovielen Herbsten und Wintern entgegenzusehen. Er verstand die Zeichen der Jahreszeiten so sicher zu deuten wie die ewigen Wahrheiten im Kandjur, und wenn der Schneesturm um das Kloster raste, war er ihm nicht fremd, sondern ein wohlbekannter Gast, der zu Besuch kam. Noch am Vortage hatte er wie im Traum den Klang der

Tempelglocken gehört, wenn der Wind die an ihre Klöppel gebundenen Falkenfedern erfaßte. Aber sein Geist umnachtete sich, Dunkel umgab ihn, und er brach auf, der ungewissen Spur seiner Brüder auf dem Wege zur Vollkommenheit zu folgen.

Nur heilige Mönche, Inkarnationen wie der tote Prior in Tarting, werden auf dem Holzstoß verbrannt. Die anderen werden zerschnitten, und ihr Fleisch wird den heiligen Tempelhunden oder, wie in Schigatse, den Geiern vorgeworfen. Die Leichenzerschneider werden „Lagpa" genannt und sind eine niedrige und verachtete Kaste. In der endlosen Kette der Seelenwanderung haben sie schlechte Aussichten, denn ihre Seelen wandern in die Körper von Tieren oder schlechten Menschen.

Die Seele des toten Priors auf ihrem Wege nach Nirwana,
umgeben von guten und bösen Geistern

Wenn ein Klosterbruder gestorben ist, tragen ihn seine Brüder auf den Leichenzerstückelungsplatz, entkleiden ihn vollkommen und teilen seine Kleider unter sich. Dann treten die Lagpa-Männer ihr schauerliches Handwerk an, legen einen Strick, der an einem Pfahl befestigt ist, um den Hals des Toten und ziehen an den Beinen, um die Leiche auszurichten. Das Fleisch wird mit scharfen Messern abgeschnitten und den Tempelhunden oder Geiern vorgeworfen. Das Skelett wird in einem Mörser zerstoßen und das Knochenpulver zusammen mit dem Gehirn zu einem Teig verknetet, der ebenfalls den Hunden als Nahrung dient.

Unter den Klöstern im Tale des Sangpo erinnere ich mich mit besonderer Vorliebe an Taschi-gembe, die weiße Stadt. Die Zahl ihrer Mönche betrug nur zweihundert, während es in Taschi-lunpo 3800 waren. Taschi-gembe hat einen kleineren Gebetssaal, in dem ein älterer Lama sitzend einen zehn Fuß hohen Gebetszylinder schwingt, der um eine Eisenachse rotiert. Um die Mitte des Zylinders tanzt ein Ring von Göttinnen, die in lebhaften Farben gemalt sind; darüber und darunter sind riesengroße Schriftzeichen in Gold sichtbar. Das Innere des Zylinders ist mit meilenlangen Papierstreifen gefüllt, die um die Achse gewickelt und mit Gebeten beschrieben sind. Der alte Lama und ein anderer Bruder haben die Aufgabe, die Gebetsmühle ununterbrochen in Gang zu halten, von dem Augenblick an, da der Rand der Sonne über dem Horizont sichtbar wird, bis zur Stunde der Mitternacht. Während der Greis die Mühle schwang, brüllte er seine Gebete, bis ihm der Schaum um die Lippen stand. Er warf sich bei jeder Umdrehung ungestüm vor- und rückwärts, schwitzte und

ängstigte sich und befand sich ersichtlich in einem
Zustand religiöser Verzückung, der ihn alles andere
vergessen ließ. Auf dem oberen Rand der Gebetsmühle sitzt ein Holzpflock, der bei jeder Umdrehung
den Klöppel einer großen Glocke in Schwingung
versetzt. Ich stellte mit Hilfe meiner Uhr fest, daß
der Zylinder bei der üblichen Geschwindigkeit täglich 10 000 Umdrehungen macht. Der Mönch zählt
nicht die Schläge, er murmelt nur seine Gebete.
Meist schließt er die Augen, beobachtet aber trotz-
dem, wie die Sonne ihre Bahn am Himmel zurück-
legt. Und wenn sie untergegangen ist, hat er noch
mehrere Stunden im Dunkeln zu verbleiben. Schließlich schlägt die Stunde der Mitternacht und befreit
den müden Bruder. Seine Hände sind schwielig und
hart wie die eines Schmiedes. In seiner Ecke im
Dormitorium sinkt er erschöpft zusammen. Nur
fünf oder sechs Stunden dauert es, bis die Sonne
wieder aufgeht und er seine schwere Arbeit von
neuem beginnt. Aber jedesmal, wenn der Schlag des
Klöppels gegen die Glocke die Vollendung einer
Umdrehung verkündet, ist er der Erlösung auf dem
Wege der Seelenwanderung und dem Himmel, in
dem nur Götter wohnen, um einen Schritt näher-
gekommen.

Lieb ist mir auch die Erinnerung an Linga-gompa,
in einem der Quertäler des Transhimalaja. Dort
sah und hörte ich wunderbare Dinge und erlebte
Beweise einer Glaubensstärke und Willenskraft von
übermenschlichem Ausmaß. In dem vornehmsten
Tempelsaal war alles dunkel bis auf die Götterbilder auf dem Altar, die durch eine viereckige Öffnung im Dach beleuchtet wurden. Sie schienen sich
wie Lichtgestalten aus dem Dunkel zu erheben.
Lautlos wie Schatten bewegten sich die Mönche vor

71

ihnen und beschäftigten sich mit den Opfergefäßen.

Andere Mönche saßen auf niedrigen Polstern und sangen gleich dem Lied der Brandungswellen in rhythmisch-wiegendem Takt. Etliche von ihnen sind Greise mit gesprungenen Stimmbändern, andere Baßsänger im besten Mannesalter und wieder andere Jünglinge und Knaben mit jugendlichen Stimmen. Der Zauber des Rhythmus schläfert sie ein; sie lassen sich nicht stören und trotten weiter über die lange Brücke, die zur Seligkeit führt. Als ich wieder ins Freie hinausging, hörte ich den Wellenschlag des Liedes hinter mir verklingen.

Pesu ist der Name einer der Tempelbauten Lingas, die hoch über den tief eingeschnittenen Tälern wie Storchennester auf dem Rücken eines schroffen Felsenvorsprunges thronen. Zu seinem obersten Stockwerk führen zwei finstere Treppen, die ebenso steil sind wie die Felswände darunter. Wir gehen über den knarrenden Boden des Vorraums und betreten den eigentlichen, länglich gebauten Tempelsaal. An der Längswand, uns gerade gegenüber, befindet sich eine Reihe von Götterbildern, die kunstvoll in Bronze gegossen und vergoldet sind. Davor erstreckt sich ein Altartisch, auf dem Lampen brennen und messingene Opferschalen mit Korn, Maiskolben, Mehl und Wasser stehen. Hier und da hängen vor den Götterbildern Tankas oder Tempelfahnen. In der kurzen Wand links befand sich ein kleines Guckloch, dessen Klappe offenstand und im Winde knarrte. Von hier fiel gedämpftes Tageslicht über die Götterbilder. Rechts lag der Saal im Dunkel.

Bei meinem Eintreten huschten ein paar Mäuse, die von den Opfergaben gekostet hatten, in ihre Löcher. Sie hielten ihre materialistische Andacht in

den Zeiten, wenn im Tempel alles still war und kein Gottesdienst stattfand. Ein einfacher Lama kam und bot meinen Leuten im Vorraum Tee an. Ich blieb bei den Göttern und betrachtete ihr vergoldetes Lächeln und ihr leuchtendes Doppelkinn. Einige hatten weitgeöffnete Augen, andere hatten sie wie im Traum geschlossen.

Als ich sie so betrachtete, veränderten sich plötzlich ihre Züge, und auf einmal wandten alle Kopf und Blick mir zu. Ich fuhr zusammen. Waren sie erzürnt, weil ich sie in meinem Zeichenbuch skizzierte? Nein, einen Augenblick später wandten sie wieder die Köpfe und stierten wieder geradeaus an die Wand. Ein paar Tempelfahnen hatten nur infolge des Luftzuges aus der Luke eine halbe Drehung ausgeführt, so daß die Schatten verschoben wurden und der Eindruck einer Bewegung entstand.

Zwischen alten Tempeltrommeln schimmern grinsende Masken von Dämonen, wilden Tieren und Totenschädeln aus der Dämmerung, und der Wind klagt und pfeift in Luken und Löchern. Ich hatte nicht gerade unwiderstehliche Lust, allein in diesem Spukschloß zu schlafen. Bei einem kräftigen Windstoß knallte die Eingangstür unten gegen ihre Schwelle. Schlief ich im Tempeisaal, ich würde glauben, ein Missetäter beträte den Vorraum; wenn das trockene Holz der Stiegen beim Eintritt der Nachtkälte knackte und krachte, würde ich glauben, der unbekannte Gast schliche sich hinauf zu mir; flatterten die Dachwimpel im Winde, liefen die Mäuse auf dem Boden und knarrten die Fensterluken in ihren Angeln, während der Wind um die Hausecken pfiff, ich würde glauben, es wären die tastenden Schritte nächtlicher Gäste auf dem Boden des Vorraums, und würde vielleicht erwarten, im nächsten Augenblick die schreckeinflößenden Züge von Yama, dem Herrn des Totenreiches, über mein Lager gebeugt zu sehen.

An einem Tage, an dem es stürmte und dichter Schnee auf das Gebirge fiel, ritt ich mit einigen meiner Männer im Klostertal oberhalb von Linga und Pesu nach der Höhle oder Steinhütte am Fuße einer Felswand, die Samde-puk genannt wird. Dort streifte ein Hund, der heilige Klosterhund, umher. Er wußte, daß es in der Höhle Fleisch gab; wenn er aber darauf wartete, so würde er sich lange gedulden müssen. Die Höhle hat weder Fenster noch Türen. In ihrem Innern tritt eine Quelle zutage. Nahe am Erdboden befindet sich unter der Mauer eine schmale Rinne. In dieser Höhle war ein Lama eingemauert. Er verbüßte keine Strafe wie ein Verbrecher in einem Gefängnis; freiwillig war er in die Einsamkeit und in das Dunkel gegangen.

„Wie heißt er?" fragte ich.

„Er ist namenlos. Wir nennen ihn bloß Lama Rinpoche, den ‚heiligen Mönch'."

„Wo ist er hergekommen?"

„Er ist in Ngor in Naktsang geboren."

„Hat er Verwandte?"

„Das wissen wir nicht. Seine Nächsten wissen nicht, daß er hier ist."

„Wie lange ist er schon eingemauert?"

„Drei Jahre."

„Wie lange wird er hier bleiben?"

„Bis er stirbt."

„Sieht er niemals das Tageslicht?"

„Nein, er hat einen heiligen Eid abgelegt, daß er die Höhle nur als Toter verlassen wird."

„Wie alt ist er?"

„Das weiß ich nicht, vielleicht vierzig Jahre."

„Was macht er, wenn er krank wird?"

„Er stirbt oder wird nach und nach wieder gesund."

„Erfahrt ihr nie, wie es ihm geht?"

„Jeden Tag wird durch die Rinne unter der Mauer eine Schale mit Tsamba und ab und zu etwas Butter und Tee zu ihm geschoben. Rührt er die Nahrung sechs Tage lang nicht an, so vermuten wir, daß er tot ist, und brechen die Höhle auf."

„Ist das schon einmal vorgekommen?"

„Ja, vor drei Jahren starb ein Lama, der zwölf Jahre in der Krypta zugebracht hatte, und vor fünfzehn Jahren starb einer, der im Alter von zwanzig Jahren in das Dunkel ging und dort vierzig Jahre lebte."

„Spricht der Mönch, der ihm die Nahrung bringt, nie mit ihm durch die Rinne?"

„Nein, er würde sich selbst ewige Verdammnis zuziehen, und die drei Jahre würden dem Eingemauerten nicht als Verdienst angerechnet werden."

„Hört er, was wir außerhalb der Höhle sprechen?"

„Nein, die Mauern sind zu dick."

Als dieser rätselhafte Lama Rinpoche vor drei Jahren nach Linga kam, hatte er vor den Mönchen des Klosters das Gelübde abgelegt, für immer in das Dunkel zu gehen. Durch Erforschen der heiligen Schriften hatte man den Tag gefunden, an dem die Einmauerung erfolgen sollte. An diesem Tage versammelten sich alle Mönche, um ihn zu seinem Grab zu geleiten. Schweigend und feierlich, wie bei einem Trauerzug, wanderten die Mönche hinauf durch das Tal, langsam, Schritt für Schritt, als ob sie ganz unwillkürlich die letzten Minuten verlängern wollten, in denen der unbekannte Eremit Sonne, Licht und Farben noch sehen konnte. Er weiß, daß er die Welt für immer verläßt, daß er nie wieder die Berge sehen wird, die Wache halten an seinem Grab. Er weiß, daß er in der Höhle sterben wird, vergessen von allen.

Das Tor der Höhle steht offen. Einige von den Brüdern gehen hinein, legen einen Flickenteppich in eine Ecke und stellen ein paar Götterbilder auf einen Vorsprung. Nachdem die letzten Zeremonien beendet sind, gehen sie hinaus. Schwere Steinblöcke werden vorgerollt und in mehrfacher Schicht übereinandergestapelt. Alle Löcher werden ausgefüllt. Vielleicht bleibt noch ein kleiner Spalt — auch er wird abgedichtet. Das Licht ist für immer für ihn erloschen. Er ist einsam und wird nie mehr eine menschliche Stimme hören, nur das eingeschlossene Echo seiner eigenen. Aber wenn er seine Gebete spricht, wird es niemanden geben, der ihnen lauscht, und wenn er ruft, wird niemand antworten. Für die Brüder, die ihn lebendig begraben haben, ist er bereits tot.

Sie gehen schweigend hinab zum Kloster und

nehmen ihre gewohnte Beschäftigung wieder auf. Das einzige Band zwischen ihnen und dem Eingeschlossenen ist die Pflicht, ihn täglich mit Nahrung zu versehen.

Für unsereinen wäre ein einziger Tag in einer stockdunklen Höhle bereits schwer zu ertragen. Aber Lama Rinpoche verbleibt darin bis zu seinem Tode. Man schaudert vor dieser grauenhaften und doch erhabenen Handlung. Nachdem der letzte Schimmer des Tageslichts erloschen ist, weiß er, daß die anderen von ihm gegangen sind. Er weiß, daß die Sonne im Mittag stand, und in der Einsamkeit und im Dunkel ist es endlos lang bis zum Abend. Aber er weiß nicht, wann die Nacht beginnt, denn in der Höhle ist es immer dunkel.

Die erste Nacht geht vorüber. Er erwacht, kriecht vor bis zur Rinne und streckt seine Hand nach der Schale aus. Auf gekreuzten Beinen, den Rosenkranz in den Händen, neigt er sich gegen die Steinwand, plappert in singendem Tone seine Gebete und meditiert. Der Tag vergeht. Und neue Tage und neue Nächte folgen. Es wird Herbst, er hört nicht den

Regen; es wird Winter und schneidend kalt. Für uns ist es unfaßbar, daß er leben kann, denn er hat keine Winterkleider und kein wärmendes Feuer. Er kann die Tage nicht zählen. Aber am nächsten Sommer merkt er, daß ein Jahr vergangen ist. Später vergißt er, wie viele Jahre er in der Höhle eingeschlossen ist. Das einzige, was er zählt, ist die Anzahl der Kugeln des Rosenkranzes und damit seiner Gebete. Mit jedem Jahr, das vergeht, entfernt er sich immer mehr von seinen irdischen Erinnerungen, und allmählich vergißt er, wie es da draußen ist, auf sonnenbeschienenen Wegen. Der Schlaf läßt ihn die unendliche Einförmigkeit der Gegenwart vergessen. Er wertet die Länge der Zeit um. Der Aufenthalt in der Höhle wird für ihn zu einer einzigen Episode, verschwindend kurz, wie eine Sekunde im Vergleich zur ewigen Seligkeit.

Einsam durch Nächte und Jahre sucht der Grübler nach einer Antwort auf die Rätsel des Daseins und des Todes. Er sehnt sich nach dem Tode, und das einzig spannende Moment seines Lebens ist das Gefühl, ständig dem Augenblick gegenüber zu stehen, da sich das Stundenglas der Zeit geleert hat. Aber der Tod beeilt sich nicht, wenn er ein ersehnter Gast ist. Neue Jahre vergehen. Die Erinnerung des eingemauerten Einsiedlers an die Welt und die Menschen verblaßt, er vergißt das hellrote Licht der Morgenröte und den roten Glanz der untergehenden Sonne im Westen, und schaut er nach oben, so begegnet sein erlöschender Blick nur dem schwarzen Dach der Höhle, aber nicht dem Funkeln der Sterne.

Endlich, nach langen Jahren, klopft es an die Tür der Höhle. Er streckt seine Arme aus, den Freund zu empfangen, auf den er so lange gewartet. Es ist der Tod, der die Schwelle überschreitet. Der blinde Eremit, der Jahrzehnte hindurch in ein undurchdringliches Dunkel versunken war, sieht plötzlich ein strahlendes Licht. Er ist tot. In Treue hat er seine Prüfung bestanden.

Nach sechs Tagen wird die Höhle aufgebrochen. Der Held wird in ein weißes Gewand gekleidet und eine Krone auf sein Haupt gesetzt. Sein Haar ist lang und schneeweiß, sein Leib ist abgezehrt und ausgetrocknet. Die Mönche, die ihm vor einem Menschenalter zur Höhle folgten und deren Tür verschlossen, sind alle tot; neue haben ihren Platz eingenommen. Sie tragen ihn zum Holzstoß, und die Flammen verzehren ihren Raub; bald bleibt nur Asche zurück. Der unbekannte Einsiedler ist ein Heiliger geworden. Er ist befreit von der Seelenwanderung und in das Licht der ewigen Seligkeit eingegangen.

Abenteuerliche Erzählungen
IN RECLAMS UNIVERSAL-BIBLIOTHEK

Philipp Reclam jun. Stuttgart